CODE,

OU

NOUVEAU

RÉGLEMENT

SUR LES

LIEUX DE PROSTITUTIONS

DANS LA VILLE DE PARIS.

CODE,

OU

NOUVEAU

RÉGLEMENT

SUR LES

LIEUX DE PROSTITUTIONS

DANS LA VILLE DE PARIS.

A LONDRES.

M. DCC. LXXV.

ÉPITRE DÉDICATOIRE

Aux Libertins & Libertines.

C'Est à vous, gens vicieux, que je dédie cet Ouvrage. L'unique but que je me propose en vous le présentant, est de mettre sous vos yeux toutes les horreurs auxquelles vos débauches vous exposent. Je serai bien flatté, si la lecture que je vous exhorte d'en faire, peut produire quelque impression sur vos cœurs dépravés ; & si j'ai le bonheur d'apprendre que vous ayiez quitté le chemin du vice, pour suivre celui de la vertu, je serai pleinement dédommagé de l'hommage que je vous en fais.

PRÉFACE

DE L'ÉDITEUR.

JE ſuis né François, & qui plus eſt, dans la Capitale du Royaume. Je n'ai jamais été débauché, je puis le dire ſans préſomption. Les lieux de proſtitution, non plus que les filles proſtituées, n'ont jamais eu d'attraits pour moi. Je ne diſſimulerai pourtant point que, pendant le cours de ma jeuneſſe, je m'y ſuis vu entraîné trois ou quatre fois, autant qu'il m'en souvienne, par des personnes qui y avoient plus de penchant que moi. L'horreur que j'en conçus me causa de telles frayeurs, qu'au-lieu de me livrer aux prétendus plaisirs, dont ceux qui m'y avoient conduit m'avoient flatté, je m'occupai à considérer tous les ressorts de ces impudiques machines. Mon ame en fut tellement saisie, qu'ils y firent une impression qui ne s'effacera jamais. J'aurois dès ce temps-là publié toutes les monstrueuses abominations de ces infâmes lieux, si je n'avois craint que l'on m'eût alors reproché quelque récrimination des mauvais traitements que j'aurois pu y avoir reçus. Je préférai le ſilence, pour éviter ce reproche.

A cette époque, j'avois lié connoiſſance avec le Sieur La Guernerie, Chirurgien gagnant-maîtriſe dans l'hôpital de Bicêtre. Je lui contai un jour ce que j'avois vu dans ces maiſons de proſtitution publique; ce que je lui en dis donna matiere à une converſation des plus amples entre lui & moi, & dont le détail ſeroit trop long. La deſcription qu'il me fit des traitements qu'il opéroit tous les jours, tant envers les hommes qu'envers les femmes débauchées, & des ſuites fâcheuſes qui en réſultoient le plus ſouvent, (j'en citerai quelques-unes à la ſuite de cette Préface *) joint à ce que j'avois vu par moi-même, me donna l'idée d'en faire un Traité. J'en tracai le plan, je le communiquai à mon ami le Chirurgien, qui le montra à M. Honnet l'aîné, pour lors économe de l'hôpital de Bicêtre, & j'eus la ſatisfaction de voir que celui-ci y applaudit beaucoup. Je me diſpoſois à y mettre la derniere main, lorſqu'une occupation plus importante m'appella en Province. Ce plan ſeroit demeuré dans l'oubli, ſi, à mon retour à Paris, & dans le temps où je penſois le moins à la matiere qui en fait l'objet, il ne me fût tombé dans les mains une brochure in-8vo. ayant pour titre le *Pornographe*, ou Idées d'un honnête-homme ſur un projet de réglement pour les proſtitutions. L'envie me prit de rapprocher cet Ouvrage de celui que j'avois dans mes paperasses. Examen fait, je trouvai une dissemblance totale entre l'un & l'autre ; d'abord je remarquai que l'Auteur du Pornographe avoit l'impudente témérité de charger le Gouvernement de la régie & administration à son profit, de ces impudiques lieux : je me récriai alors contre cette indécence ; puis parcourant le reste de l'Ouvrage, je reconnus qu'il n'avoit mis qu'un jeu de mots dans plusieurs de ces Lettres ; pour en faire un gros volume. Je ne puis cependant lui refuser qu'il a peint dans quelques endroits avec des couleurs naturelles, les inconvénients qui peuvent résulter de la fréquentation de ces lieux. Mais comme il s'est écarté du point principal, dans l'espece de réglement qu'il donne pour arrêter le progrès de ce mal contagieux, & qu'il s'est efforcé d'étayer par de prétendues objections, & par des réponses à ces objections aussi longues qu'ennuyeuses, j'ai cru qu'il étoit important d'en exposer un, dont l'exécution, d'une part, ne compromît point la dignité du Gouvernement, & de l'autre, qui établît une diſcipline irrévocable ſur des lieux dont la tolérance a toujours été reconnue néceſſaire; c'eſt ce que nous faiſons voir dans celui-ci, ſans remonter cependant à des temps trop reculés.

Charlemagne, l'un de nos Rois le plus pieux, ayant ſenti la néceſſité de tolérer les filles proſtituées, donna, en 808, un réglement en leur faveur; Charles VI & Charles VII, en 1420 & 1424, en rendirent d'à-peu-près ſemblables. Henri II, ſucceſſeur de ces Rois, en 1560, dans les Etats tenus à Orléans, abolit tous les lieux de proſtitution publique qui avoient été ſoufferts pendant plus de quatre cents ans. Cette Ordonnanee, en défendant à ces filles de n'être nulle part, les obligeoit de ſe répandre par-tout. Sous le regne d'Henri IV, les lieux publics étoient ſi multipliés dans Paris, que ce Prince crut devoir mettre ordre à un ſi grand déréglement; il en ordonna la ſuppreſſion : mais ſur les remontrances du Docteur Cayer, les choſes ſubſiſterent comme elles étoient auparavant, & il fut fait un réglement qui aſſignoit & fixoit des rues à ce genre de filles.

Nous citons les Etats & Royaumes, non-ſeulement de l'Europe, mais encore des autres parties du monde, où il y a des lieux de débauche & de proſtitution, leur origine, la maniere dont tout s'y paſſe, les ravages que le *Virus* y cauſe, & la néceſſité qu'il y a de les laiſſer ſubſiſter, chacun relativement à la diſcipline & aux mœurs de chaque Etat.

L'Ouvrage est divisé en cinq Articles. Le premier contient l'origine des Prostitutions depuis la création du monde.

Le second, leurs inconvénients par rapport aux maladies Vénériennes.

Le troisieme désigne les noms & qualités différentes qu'on y donne aux filles, & quelques-unes de leurs historiettes ou aventures.

Le quatrieme présente un Code ou nouveau Réglement sur ces sortes de lieux à fixer dans la ville de Paris, en 49 Articles.

Le cinquieme enfin contient un Parallele du Réglement du Pornographe, avec celui qu'on donne ici, & la réfutation de ce Réglement.

---

* Le fils d'un Marchand de vin en gros de la rue Notre-Dame, âgé de vingt-un ans, de la taille de cinq pieds cinq pouces, de la plus belle figure du monde, ſe préſenta au mois de mai 1724 à Bicêtre pour y paſſer les remedes; ſon pere ne voulant ni le voir, ni entendre parler de lui : ce jeune homme n'avoit ni ſur le viſage, ni ſur le corps, aucun des ſymptômes qui caractériſent la vérole. Je pris de lui (*dit le Chirurgien*) un ſoin particulier; je ménageai, autant qu'il me fut

possible, l'usage des frictions : malgré toutes mes précautions, je fus fort surpris, au troisieme jour de la salivation, de lui voir tomber le nez entiérement en pourriture, ainsi que toutes les dents, qu'il avoit fort belles. Honteux de l'état où il se vit après sa guérison, il demanda à rester à Bicêtre, où il est mort. L'on doit bien penser que c'est de chagrin.

En 1726, la nommée *Tonton*, une des filles prostituées de la Ville de Versailles, à qui on avoit donné par sobriquet celui de *Tonton Givry*, parce qu'elle avoit été au Marquis de ce nom, vint à Bicêtre avec plusieurs lettres de recommandation, pour y être traitée de la vérole. Elle y fut mise à part ; je la traitai le plus doucement qu'il me fut possible ; malgré mes soins je ne pus empêcher que la mâchoire inférieure ne s'élevât & ne se cicatrisât, de façon qu'il s'en falloit près de deux pouces qu'elle ne fût d'a-plomb sous la supérieure, & que toutes les dents d'en-bas, qu'elle avoit fort belles, ne tombassent toutes.

En 1727, un jeune homme de trente-un ans, d'une taille fort vigoureuse, qui jouissoit d'un emploi assez honnête, étant attaqué d'une gonorrhée & de quelques chancres, aima mieux souffrir ces maux, (dans la crainte de perdre son emploi) que de prendre le temps qu'il falloit pour les guérir; mais ses souffrances empirant de jour en jour, il se détermina à venir à Bicêtre. L'ayant examiné, je lui trouvai la verge grosse comme le bras, toute rongée de chancres; les bourses, dans lesquelles étoient tombée la gonorrhée, considérablement enflées. Je ne vis d'autre parti à prendre, que de faire l'amputation du tout. Après quoi, je fis passer les remedes à ce jeune homme; & en moins de quarante-cinq jours, je le mis en état d'aller exercer son emploi: mais il étoit *rasibus*.

ORIGINE

ORIGINE
DES
PROSTITUTIONS.

L'Origine des Prostitutions est aussi ancienne que le monde. Elle fut d'abord moins criminelle que ses effets. Il n'est aucune des fausses Religions qui ne l'admît dans son culte : elle a précédé les sacrifices du sang humain, bien plus atroces qu'elle. La Prostitution ne fut donc pas d'abord une débauche, mais une consécration du premier instant de l'existence de la nouvelle créature à laquelle on donnoit l'être. La population fut le ſecond motif de l'ancienne Proſtitution des filles, & même des femmes.

Nous voyons dans la Geneſe, Chapitres IV, V & VI, que Lamech, pere d'Abraham, prit deux femmes, l'une nommée Aia, & l'autre Selles, leſquelles engendrent fils & filles. Ces dernieres étoient belles, & les premieres s'en ſervirent pour leur uſage, &c.

Au Chapitre XVI de la même Geneſe, Abraham quitta ſa femme pour Agar ſa ſervante. Chapitre XXIX, *ibidem*, Loth fut enivré par ſes deux filles, commit un inceſte avec elles, & toutes deux conçurent de leur pere, dans le deſſein, diſoient-elles, de peupler la terre. Chapitre XXIX, Jacob connut les deux filles de Laban, Lia & Rachel, eut un enfant de la premiere, & l'une & l'autre prostituerent leurs servantes à Jacob. Chapitre XXXV, Ruben coucha avec Bela, concubine de son pere. Chapitre XXXVIII, Juda habita avec Thamar sa bru, femme de Er son fils, & de Suar sa femme. Chapitre XXXIX, enfin, la femme de Putiphar sollicite & poursuit Joseph, pour l'obliger à se rendre à ses desirs; mais celui-ci résista à la tentation.

Nous voyons encore dans cette même Bible, au Chapitre XVI du Livre des Juges, que Dalila séduisit Samson, le plus fort des hommes, & le trahit; & au Livre des Rois, Chapitre XXV, David, qui avoit épousé Michol, fille de Saül, épousa

Abigaïl, femme de Nabal, qu'elle avoit quitté pour venir trouver David, (dont on dit que ce Roi prit la vérole.) David avoit alors trois autres femmes ; ce qui ne l'empêcha pas de prendre encore des concubines & des femmes de Jérusalem dont il eut plusieurs enfants. Et au Chapitre XI du second Livre des Rois, on voit David enlever & épouser Bethsabée, femme d'Urie, qu'il fait ensuite assassiner. Au Chapitre XIII de ce même Livre, on lit l'inceste d'Ammon avec sa sœur Thamar.

Au troisieme Livre des Rois, Chapitre III, on voit Salomon, dont la sagesse lui avoit acquis tant de réputation, épouser la fille de Pharaon ; & au Chapitre XI de ce même Livre, qu'il eut sept cents femmes comme Reines, & trois cents comme concubines.

Dans la même Bible, au Livre d'Esther, Chapitre II, Session VIII, on lit qu'Assuérus, qui régnoit dans les Indes jusqu'en Ethiopie, choisit parmi un grand nombre de plusieurs belles filles vierges qui lui furent amenées pour être ses courtisanes, Esther, l'une d'elles, pour être la Reine son épouse.

Au second Livre des Rois, Chapitre III, §. 16 & 22, on trouve qu'Absalon, fils de David, coucha avec les concubines de son pere.

Au Livre des Nombres, Chapitre XXV, Zambri, fils de Salia, Prince de la Maison & lignée de Siméon, connoît la femme Cozbi, fille de Jur, Prince très-noble des Moabites; Phinées, fils d'Eléazar, qui étoit fils d'Ammon, Grand-Prêtre, prit une dague, & les perça tous deux enſemble, vers les parties de la génération.

On croit avoir aſſez juſtifié l'ancienneté des Proſtitutions, ſans qu'il ſoit beſoin de citer d'autres exemples que ceux qu'on vient de rapporter. On ne s'étendra pas ſi longuement ſur ce que rapporte le nouveau Teſtament, ſur les proſtitutions ; on ſe bornera à dire que la Magdelaine, après avoir long-temps mené une vie libertine & débauchée, en fit pénitence, ainſi que Marie Egyptienne.

Les mœurs des femmes proſtituées des premiers temps nous fourniſſent des lumieres ſur celles qui régnoient à Jéruſalem, & dans tout le pays d'Iſraël, ſous les Rois ſuccesseurs de David. Il paroît que celles-ci étoient de ces femmes que le tempérament entraîne. Elles recherchoient les hommes les plus vigoureux. Cela n'empêchoit pas qu'elles n'exigeassent un prix souvent très-considérable. (Ceci prouve qu'elles étoient en petit nombre.) Il n'est point de prostituée, dit Ezéchiel, qui n'exige son payement. Ce qui est passé en usage jusqu'à nos jours. Aujourd'hui les confesseurs demandent si le pénitent à payé la fille qui s'est prostituée à lui, à prix d'argent, comme si cela diminuoit le crime de la fornication.

Les noms qui répondoient chez les Arabes, à ceux de *Laïs*, *Thaïs*, *Chioné*, *Phryné des Grecs*, *de Quartilla*, *Gallia des Romains*, étoient, en Hébreu, *Ahola* & *Aholibah*. Il faut convenir que ces noms ſont très-expreſſifs. L'on n'a guere vu dans la République Romaine, que des proſtituées des deux premieres eſpeces qu'on a diſtinguées en Grec. Chez eux, le concubinage légitime écarta long-temps le Proſtitutiſme. Un homme trouvoit chez lui tout ce qui pouvoit ſatisfaire la variété de ſes deſirs. Cependant leurs *Lupanaria* étoient des endroits plus important que nos mauvais lieux. On en voit dans Pétrone l'ample deſcription. Il paroît qu'on s'y livroit à tous les genres de débauche, & que les *Meretrices* n'étoient pas auſſi brutes que la plupart des proſtituées d'aujourd'hui; eſpeces d'automates que l'argent fait mouvoir, & qui n'agiſſent ni ne ſentent, dès qu'il ceſſe de frapper leurs regards. Il y eut de tout temps à

Rome un quartier affecté pour les filles publiques. Elles n'étoient pas mêlées avec les citoyens. Dans ces temps malheureux où les Caligula, les Néron, les Commode plaçoient l'impudence sur le trône, où les Dames Romaines ne connoissoient plus ni pudeur ni retenue, les prostituées gardoient une sorte de décence.

Dans l'ancienne Rome, on voyoit aux lieux de débauche, le nom de chaque courtisanne sur la porte de sa chambre ; d'où vient que Juvenal parlant de Messaline, qui empruntoit celle de la fameuse Lysisca, dit agréablement, *Titulum mentita Lysiscæ...* On lisoit aussi dans l'écriteau le nom de la courtisanne, & le prix qu'on lui donnoit. On voit dans l'histoire d'Appollonius de Tyr la forme d'un de ces titres qui est assez plaisante.

Quicumque Tarsiam defloravit,
Mediam Libram dabit;
Posteà populo patebit
Ad singulos solidos.

L'Histoire Romaine nous apprend que l'Empereur Caïus Caligula jouit de toutes ses sœurs, & qu'il aima Drusille l'une d'elles plus que les autres, parce qu'il en avoit eu les prémices, & qu'après l'avoir mariée à *Lucius-Cassius-Longinus*, Consul, il la lui enleva, & l'entretint publiquement, comme si c'eût été sa femme légitime; qu'il la fit héritiere de tous ses biens, même de l'Empire; & enfin, qu'étant morte avant lui, il fit cesser toutes œuvres, en fit prendre, avec lui, un deuil public, qu'il porta en longs cheveux & longue barbe. Qu'à l'égard de ses autres sœurs, lorsqu'il en fut rassassié, il les prostitua à des pages qui lui avoient servi de Gitons & de Ganimedes.

La même histoire nous apprend aussi que l'Empereur Adrien étant en Angleterre, y reçut plusieurs avis que l'Impératrice Sabine, sa femme, se livroit à l'amour avec plusieurs Gentilshommes Romains. Le cas fortuit voulut qu'à l'appui de ces avis, cette Princesse écrivît à un Gentilhomme Romains, qui étoit en Angleterre auprès de l'Empereur, son mari, pour lui reprocher qu'il l'avoit oubliée, & qu'elle voyoit bien qu'il avoit quelques amours ailleurs. Cette lettre tomba d'aventure entre les mains de l'Empereur Adrien, quelques jours avant que le Gentilhomme en question lui demandât un congé pour retourner à

Rome, ſous prétexte des affaires de ſa maiſon. L'Empereur lui dit en badinant : Jeune homme, vous pouvez y aller hardiment ; l'Impératrice ma femme vous y attend en bonne diſpoſition. Le Gentilhomme voyant que l'Empereur avoit découvert le ſecret, & qu'il pourroit lui faire un mauvais ſort, ſans dire adieu, partit la nuit, & s'enfuit en Irlande. „ Il pouvoit n'avoir pas ſi grande peur „ dit l'Empereur, (qui à toute heure recevoit des nouvelles du débordement de ſa femme) ajoutant que s'il ne s'en défaiſoit pas, c'étoit par la crainte de montrer un mauvais exemple : comme ſi cet Empereur eût voulu dire, qu'il importoit peu aux Grands d'en être logés là.

L'Empereur Marc-Aurele, dont le ſort étoit ſemblable, répondoit à ceux qui lui conseilloient de répudier Faustime, & de la chasser : „ Si „ nous la quittons, il faut aussi quit- „ ter son douaire, qui est l'Em- „ pire. „ Son fils Antonius Varus, dit Commode, encore qu'il fût cruel, résista long-temps à ceux qui lui conseilloient de faire mourir Faustime, sa mere, qui étoit si éperduement amoureuse d'un Gladiateur, qu'elle ne put s'en départir, jusqu'à ce que Commode s'avisât de le faire mourir, & lui faire boire son sang.

La femme de Beaudoin, II du nom, IIIe. Roi de Jérusalem, qu'il avoit fait renfermer dans un cloître, à cause de son intempérance, s'en évada, & se retira à Constantinople, ou, sans avoir égard à sa royale condition, elle s'abandonna à tous passants, allants & venants; & lorsqu'on lui en faiſoit quelques reproches, elle diſoit qu'elle en avoit aſſez jeûné dans ſa priſon.

Alexandre VI, Pape, étoit neveu de Calixte III, qui le fit Cardinal à vingt-quatre ans. Son ambition ſe réveilla à la mort d'Innocent VIII. Il cacha avec adreſſe ſes déſordres ſous le voile de l'hypocriſie la plus raffinée & la plus conſtante qui fût jamais. Long-temps avant de monter ſur la chaire de Saint Pierre, il avoit eu d'une Dame Romaine, nommée Vanoſia, quatre garçons & une fille. Comme cette Dame étoit mariée, il lui fut bien aiſé de cacher ce commerce criminel. L'aîné de ces garçons, qui ſe nommoit Louis de Borgia, depuis Duc de Candie, fut aſſaſſiné par Céſar Borgia, Cardinal, ſon frere cadet; les deux autres se nommoient Jean & Godefroy de Borgia, & la fille, Lucrece. Celle-ci étant devenue en âge nubile, Alexandre fut accusé publiquement d'en avoir abusé, de l'avoir enlevé successivement à trois maris, d'avoir fait assassiner le dernier (Alphonse d'Arragon) pour la donner enfin à un quatrieme, qui étoit héritier de la Maison d'Est. Les noces de celui-ci furent celébrées au Vatican par la plus infame réjouissance que la débauche ait jamais inventée, & qui ait effrayé la pudeur. Cinquante courtisannes nues danserent devant cette famille incestueuse, & des prix furent donnés aux mouvements les plus lascifs.

L'Auteur du Pornographe n'est pas bien informé, quand il dit que les filles publiques sont plus rares dans les Etats des Princes Aſiatiques, que parmi les nations Chrétiennes. Il en excepte cependant les grandes villes d'Orient, ſur-tout celles qu'un port de mer rend plus commerçantes & plus fréquentées par les étrangers. Ce ſont, dit-il alors, quelques infortunées filles des ces Grecs avilis par le Muſulman, que des Juifs & des navigateurs Européens viſitent ſeuls. S'il avoit lu l'hiſtoire du Japon, par le Pere Charlevoix, Jéſuite, il y auroit trouvé une relation bien complette des lieux de proſtitution, & de la maniere dont les Japonois les fréquentent. Voici comme ce Pere s'en explique.

Le nombre des maiſons de débauche, dit-il, eſt plus grand à Nagazaki que celui des Temples, quoique ces derniers aillent à 62.

Les Japonois fréquentent également avec beaucoup d'aſſiduité, les demeures de leurs Dieux & celles de leurs courtiſannes. Il eſt très-commun & très-ordinaire de voir dans ce pays les gens, en ſortant du Temple, aller dans un mauvais lieu. Ils eſt vrai, dit-il, qu'ils ne regardent point comme tels les maiſons des filles de joie, & qu'ils ont, au contraire, fait pluſieurs loix pour les entretenir & en multiplier l'uſage.

Le château de Nagazaki, où ſont ces Temples de Vénus, eſt bâti ſur une éminence qui commande le reſte de la ville; on croiroit, ajoute-t-il, que les Japonois choiſiſſent les mêmes endroits pour placer leurs lieux de proſtitution, que les Européens pour placer leurs citadelles. Les maiſons des courtiſannes occupent deux grandes rues ; elles ſont plus belles que celles des plus riches particuliers. Enfin, l'on peut aſſurer hardiment, continue-t-il, que l'impudicité & la débauche ne ſont logées dans aucun endroit du monde auſſi-bien & auſſi ſplendidement qu'au Japon. Les gens pauvres, ſurchargés d'une famille nombreuſe qu'ils ne ſauroient élever, ont la liberté de placer leurs filles parmi les courtiſannes ; mais il faut pour cela qu'elles ſoient jolies & jeunes. Un pere en vendant une de ſes filles à un des directeurs des courtiſannes, trouve le moyen de pourvoir à la nourriture de ſes autres enfants. Quelque condamnable que paroiſſe cet uſage, il l'eſt cependant beaucoup moins, au ſentiment du Pere Charlevoix, que celui d'expoſer les enfants, & leur donner la mort; ce qui s'est pratiqué en Europe chez les nations les plus polies. C'est ordinairement à l'âge de dix ou douze ans que les peres vendent leurs filles; ceux qui les achetent ne voulant point risquer les maladies auxquelles la premiere jeunesse est ordinairement sujette, ni prendre des personnes plus âgées, parce qu'ils sont bien-aises de le former pour le métier auquel ils les destinent: leurs intérêts demandent qu'elles ayent toutes les qualités qui peuvent leur attirer des amants. Ces entrepreneurs, ou plutôt ces agioteurs d'impudicité, en nourrissent autant qu'ils peuvent. Ils les logent fort commodément dans de beaux appartements, leur font apprendre à danser, à jouer des instruments, les exercent à écrire des lettres tendres & amoureuſes, les inſtruiſent enfin de ce qui peut les rendre plus aimables & plus engageantes. Les vieilles, qui ont plus d'habileté que les jeunes, leur donnent des leçons: ces dernieres en revanche leur rendent mille petits ſervices. Celles qui font des progrès conſidérables dans l'art de plaire & de ſéduire, reçoivent de leurs maîtres des préſents, ſoit en habits, ſoit en bijoux. Tout cela eſt pourtant pris ſur l'argent que leur donnent leurs galants. Mais comme il appartient de droit au directeur, elles ſont heureuſes qu'il veuille bien leur en faire part de quelque choſe. Le prix ordinaire pour une nuit, eſt depuis ſix louis juſqu'à deux écus, ſelon la beauté, la jeuneſſe de la courtiſanne. On taxe ce qu'il en doit coûter; on eſt libre de prendre des plaisirs chers, ou qui sont à très-bon marché; on ne peut cependant en avoir qui coûtent moins de deux écus.

La précaution des Japonois pour satisfaire à leur débauche & à leur impudicidité, ne s'est point bornée à ces seuls établissements. Comme il pourroit arriver que lorsque les courtisannes sont couchées, quelqu'un se trouveroit pressé de ses besoins, & seroit obligé de différer jusqu'au jour à les satisfaire, les directeurs sont obligés de faire veiller toutes les nuits dans une loge qui est contre la porte de leur maison, une fille avec laquelle tous les passants peuvent avoir à faire, en lui donnant deux écus. Il est vrai qu'on choisit toujours pour cette corvée les filles les moins jolies & les plus usées, excepté que quelqu'une n'ait mérité par quelque faute de faire la garde nocturne. En ce cas, les coureurs de nuit ont pour leurs deux écus une bonne fortune. Peut-on pousser plus loin l'impudicité, que de faire veiller la nuit des filles dans les rues, & d'intéresser la police dans un établissement aussi malhonnête? Les Japonois connoissent eux-mêmes combien l'emploi de ceux qui procurent ces infames commodités, est vil & méprisable. Si quelques courtisannes après avoir servi leur temps, viennent à se marier, elle sont regardées sans mépris, on les considere comme d'honnêtes femmes; les crimes de leur vie passée sont imputés à leurs parents qui les ont vendues, & qui les ont mises dans la nécessité d'exercer une profession infame.

Ainsi la honte de leur prostitution retombe sur les véritables coupables. Quant aux directeurs des maisons publiques, ils sont bannis pour toujours de la société, & du commerce des honnêtes gens. Quelques richesses qu'ils amassent, on les considere comme des personnes infames; on les met dans le même rang que les tanneurs de cuir, qui, dans ce pays, sont obligés de faire l'office de bourreau, & d'habiter hors des villes dans des maisons bâties près de l'endroit où l'on fait les exécutions.

La Prostitution en Amérique y fait encore, chez les naturels indomptés, partie du culte. Les colonies ont les mœurs des nations dont elles dépendent; les esclaves font la volonté de leurs maîtres. Les femmes des Sauvages libres suivent l'instinct de la nature. La maladie des *Antilles* eſt endémique dans certains cantons de cette partie du monde; mais elle y eſt d'une curation facile. Chez les *Péruviens*, les *Mexicains*, & les habitants des Iſles civiliſées, la Proſtitution religieuſe avoit dégénéré en débauche. Lors de la découverte de leur pays, on accuſa même les deux ſexes de Pédéraſtie au Conſeil d'Eſpagne, & ce fut un des motifs apparents de l'ordre barbare de les exterminer. On doute encore, malgré ces indications, que les Américaines fiſſent un métier du proſtitutiſme. On eſt preſque ſûr qu'elles ne s'abandonnoient à tous les hommes que dans certaines occaſions, & qu'elles reprenoient enſuite leur train de vie ordinaire. Cette conduite eſt encore aujourd'hui celle que tiennent les femmes

mes de la preſqu'Iſle de Californie, à la fête des Peaux & à celle de la récolte des Pitahaïas.

A Sparte, les loix de Lycurgue font croire que ce Législateur ne regardoit pas la pudeur comme la conſervation de la chaſteté. Les filles de Sparte étoient toujours indécemment vêtues. Il y avoit même des occaſions où elles paroiſſoient en public dans une entiere nudité, pour diſputer entr'elles le prix de la courſe : „ Mais en proſcrivant la pudeur, „ il n'eſt pas démontré que Lycur„ gue ait réuſſi de conſerver la chaſ„ teté ; l'une de ces vertus eſt la „ gardienne de l'autre inſéparable„ ment. „ Reſte à ſavoir ſi Lycurgue ne regarda pas la chaſteté publique, comme plus nuiſible que néceſſaire, dans l'état qu'il vouloit former. Il défendit le célibat, ſous peine d'infamie, permit aux maris de prêter leurs femmes, & autoriſa les hommes à emprunter les femmes les plus belles, en s'adreſſant à leurs maris. Toutes ces loix, en attaquant la fidélité & la pudeur, ôtoient à l'amour preſque tout ce qu'il a de plus délicat & de ſéduiſant : mais en même-temps elles affoibliſſoient cette paſſion, & prévenoient les fureurs de la jalouſie.

Les Lacédémoniens ayant perdu, l'an du monde 3274, 726 ans avant l'Ere chrétienne, une grande bataille contre Ariſtodeme, ils abandonnerent leurs femmes & leurs filles aux ſoldats les mieux faits, pour réparer la perte des hommes qui avoient été tués. Les enfants qui vinrent de ce commerce, furent appellés *Parthéniens.* Artaban fut le dernier Roi de Parthe, aujourd'hui la Perſe.

Un Lacédémonien répondit un jour à celui qui lui demandoit, quelle étoit à Sparte la peine des adulteres? que le coupable étoit obligé de donner un bœuf aſſez grand pour boire du haut du Mont Taygete dans l'Eurotas. Mais, dit le queſtionneur, il eſt impoſſible de trouver un tel bœuf. Pas plus que de rencontrer un adultere à Sparte.

On a vu à Athenes le Philoſophe Cratès exercer l'action du Coït ſur le portique d'un Temple de cette ville, en plein jour, & à la face des Athéniens. Quelqu'un ayant demandé à Cratès avec un air d'étonnement, ce qu'il faiſoit-là, ce Philoſophe, ſans changer de ſituation, ni paroître ému de cette queſtion, répondit gravement : *Hominem planto.* Je plante un homme ; regardant cette action, non-ſeulement comme naturelle, mais comme la plus belle que puiſſe faire l'homme.

De nos jours, on a vu le triſte Lapon, honteux de ſa petiteſſe, engager l'étranger, qu'il reçoit chez lui, à lui procurer des enfants d'une eſpece moins foible & moins imparfaite.

Les Muſulmanes ne ſe proſtituent pas. Pour cela, les mœurs n'y gagnent rien ; il s'en faut beaucoup : les Turcs d'une fortune bornée, ne pouvant aller chez une proſtituée Chrétienne, ſans expoſer leur vie ou celle de la fille publique, ont recours à des remedes encore plus honteux ; auſſi eſt-ce la raiſon pour laquelle les maladies vénériennes ſont très-peu de ravages dans les Etats du Grand-Seigneur ; mais en revanche, il en eſt une autre, (*Cryſtalline*) dont on ne s'apperçoit que lorſque quelqu'un de ces malheureux eſt condamné à être empalé. D'après cela, préconiſe qui voudra les vertus des Turcs, & de preſque tous les Aſiatiques en général ; on ne doit regarder les hommes de ces contrées que comme de lâches eſclaves, qui ſe vengent de leur aviliſſement ſur le ſexe le plus foible. Ce ne ſont pas des époux, ce ſont des maîtres dédaigneux, ou des tyrans jaloux. Quel pays, grand Dieu! où l'homme achete à la foire l'objet de ſon amour! Non, celui qui croit pouvoir acquérir & vendre ſon ſemblable, & qui regarde comme une action permiſe de détruire un homme ſans le tuer, ne peut avoir l'idée de la véritable vertu.

C'eſt donc en Europe qu'on doit chercher à voir le *publiciſme des femmes* dans toute la turpitude & l'infamie qui doivent accompagner un état que la Religion & les Loix réprouvent également; ſuivi des déſordres & des dangers qu'il traîne à ſa ſuite.

Charlemagne, Empereur & Roi de France, l'un des plus pieux Monarques qu'il y ait eu, tâcha de bannir les femmes publiques; il ordonna la peine du fouet contre celles qui ſeroient priſes en contravention; & que ceux qui les auroient logées ou retirées chez eux, les porteroient ſur leur dos, juſqu'au lieu de l'exécution : mais l'expérience ayant fait connoître que c'eſt un mal néceſfaire dans les grandes villes, ce Prince prit le parti de le tolérer. Pour lors elles firent corps, (en 808) furent imposées aux taxes, eurent des statuts & des juges, & furent appellées *femmes & filles amoureuses, & folles de leurs corps.* Tous les ans elles faisoient une procession solemnelle le jour de la Magdeleine. On leur assigna pour demeures les rues Froidmentel, Pavée, Glatigny, Titon, Chapon, Tireboudin, Brisemiche, du Renard, du Heurleur, de la vieille Bouclerie, l'Abreuvoir, Macon, & Champ-fleury. Elles avoient dans chacune de ces rues un *Clapier* (Bord..) qu'elles tâchoient à l'envi de rendre propre, agréable & commode; elles étoient obligées de s'y rendre à dix heures du matin, & d'en sortir à six heures du soir en hyver, & entre huit & neuf en été. Celles qui ſuivoient la Cour, étoient tenues, tant que le mois de mai duroit, de faire le lit du Roi des Ribauts. On prétend que la charge de Roi des Ribauts étoit conſidérable, & qu'il avoit juriſdiction pour certains points de police, dans la Maiſon du Roi, & dans tout le Royaume. On ne peut pas dire le nombre qu'il y avoit dans ce temps-là de ces femmes amoureuſes, ou filles folles de leurs corps; mais aujourd'hui, par un état tenu à la police, on en compte juſqu'à vingt-huit mille.

Charles VI, Roi de France, permit, l'an 1420, à toutes les femmes de mauvaiſe vie de porter des ceintures magnifiques, ce qui a donné lieu au proverbe : *Bonne renommée vaut mieux que ceinture dorée.*

Charles VII, en 1424, pour faire régner le bon ordre dans les lieux de prostitution, donna des lettres-patentes, qui sont rapportées par La Faille dans son histoire de Toulouse. Cet Auteur dit qu'il y avoit anciennement dans cette ville, & dans plusieurs autres, un lieu de débauche, qui étoit non-seulement toléré, mais autorisé même par les Magistrats qui en retiroient un revenu annuel. L'an 1424, sur ce que l'on insultoit souvent cette maison, qu'on nommoit *le Chatel-vert*, & que par le désordre qu'y occasionnoient les jeunes débauchées, la ville étoit privée de revenu, les Capitouls s'adresserent au Roi Charles VII, pour mettre cette maison sous sa protection : ce que le Roi leur accorda. La requête des Capitouls paroîtroit singuliere aujourd'hui : Ils repréſentoient au Roi. que, *certaines gens de mauvaiſe vie entreprennent d'aller caſſer les vitres de cette maiſon, ſans aucune crainte de Dieu.* NON VERENTES DEUM.

Dans l'acte des Communes de Narbonne, il eſt dit, que *le Conſul & les habitants avoient l'adminiſtration de toutes les affaires de Police, & le droit d'avoir dans la juriſdiction du Vicomte,* UNE RUE CHAUDE, c'eſt-à-dire, un lieu de proſtitution.

Le droit de Jambage, dont certains petits Seigneurs Vaudois jouiſſoient encore il y a cent cinquante ans, étoit un reſte de cette coutume barbare. Le Terrier de ces Nobles, à la ſuite de leurs droits domaniaux, portoit celui de déflorer la mariée le jour de ſes noces, & d'avoir la premiere nuit. Il a fallu toutes les lumieres qu'a répandu sur l'Europe le renouvellement de la philosophie, pour faire rougir ces petits tyrans, d'un prétendu droit, qui avoit été presque général, sous l'Empire même du Christianisme. (*Voyez l'art. Vidame d'Amiens.*)

En 1560, par l'Art. X de l'Ordonnance des Etats tenus à Orléans, tous les lieux de prostitution publique, qui avoient été tolérés pendant plus de quatre cents ans, furent abolis. Le nombre des filles de joie ne diminua cependant pour cela, quoique leur profession ne fût plus regardée comme un état; & en leur défendant de n'être nulle part, on les obligeoit de se répandre par-tout.

Sous le regne de Henri IV, les lieux de prostitution étoient si multipliés dans Paris, & l'infestoient tellement de toutes parts, que ce Monarque crut devoir mettre ordre à ce déréglement horrible qui blessoit la pudeur de tous les hommes ; en conséquence, il ordonna la suppression de tous ces lieux de prostitution, sous des peines très-rigoureuses : mais le Docteur Cayer, qui vivoit alors, fit un beau mémoire pour prouver la nécessité de laisser subsister les Bord... Sa raison étoit, que si on les éteignoit entiérement, il n'y auroit point de sûreté pour la vertu des honnêtes femmes & des honnêtes filles, qui seroient tous les jours exposées à la passion & à la brutalité des jeunes gens. Il ajoutoit aussi qu'il en pouvoit résulter un mal encore plus grand auquel ces déterminés se livreroient sans doute, (la Pédérastie.) Sur les remontrances du

Docteur Cayer, les choses subsisterent comme elles étoient auparavant. Cependant on fit un réglement qui assignoit & fixoit des rues à ces filles prostituées, le temps qu'elles devoient s'y tenir, & autres choses à-peu-près de l'espece de celles qui sont exécutées aujourd'hui par la Police actuelle; mais qui, à beaucoup d'égards, n'y ressemblent pas. Aujourd'hui la pénétration, la vigilance & la rigidité avec lesquelles le Magistrat, chargé de l'administration de la Police, veille sur les désordres qui peuvent se commettre dans ces lieux, y mettent un frein à la vérité, mais ne les empêchent pas tous.

Londres seroit la ville de l'Europe qui pourroit le mieux se passer de prostituées publiques & par état: les mœurs d'une partie des femmes n'y ſont rien moins que ſéveres; des Tavernes où les deux ſexes peuvent également ſe raſſembler ſans ſcandale, offrent à celles qui veulent ſatisfaire un penchant très-vif au plaiſir, une commodité qu'on ne trouve nulle part auſſi facilement. Malgré ce relâchement de mœurs, le nombre des proſtituées n'en eſt pas moindre; leur impudence, qui va juſqu'à l'extrême, frappe d'autant plus, que les femmes honnêtes ſont dans les trois Royaumes d'une modeſtie & d'une retenue qui inſpire le reſpect, la tendreſſe, & jamais l'audace. Il y a peu de différence entre les lieux de proſtitutions de Londres & ceux de Paris, ſi ce n'eſt que ce ſont des hommes qui raccrochent dans les rues de Londres, au-lieu qu'à Paris ce ſont des femmes.

A Naples, à Florence, & dans les principales villes d'Italie, ce sont des filles de la premiere jeunesse, qui se mettent sous la conduite d'une vieille, connue des *Monsignori* & de vieux Seigneurs voluptueux. Cette femme les introduit chaque soir auprès du riche vieillard qui les renvoye après qu'elles ont satisfait des fantaisies assez étranges. Si le vieux débauché paye lui-même, la jeune fille en est quitte pour ces humiliantes complaisances ; mais s'il en charge son principal domestique, celui-ci, en s'acquittant de sa commission, exige autant que son maître, & quelquefois davantage. Dès que les attraits de ces infortunées ont perdu de leur premiere fraîcheur, elles n'ont plus d'autre ressource que de se livrer au public.

Voici ce que rapporte l'Auteur des obſervations ſur l'Italie, à l'article de Naples. „ La ville de Naples „ eſt, ſans contredit, une de celles „ de l'Europe ou la luxure eſt portée „ au point où l'on ne la voit nulle „ part ailleurs de même. Le pro- „ pos y eſt à la Grecque, c'eſt-à- „ dire, très-gai & fort libre : la ga- „ lanterie eſt auſſi commune & auſſi „ peu diſcrete dans les perſonnes du „ premier rang, que rare & myſ- „ térieuſe dans la bourgeoiſie : qu'à „ la ſuivre dans le peuple, les extré- „ mités ſe touchent. En général, la „ continence eſt à Naples la vertu „ la moins commune. L'amour, qui „ n'eſt ſouvent ailleurs qu'un air, „ une fatuité, une fantaiſie, &c. y „ eſt un des plus urgents beſoins. Le „ Véſuve qui commande cette ville,

„ eſt l'emblême le plus exact, ſous „ lequel on puiſſe la repréſenter. „ D'autres beſoins que la Police, & „ une certaine pudeur répriment ail„ leurs, ſur-tout dans les grandes „ villes, ſont à Naples au-deſſus de „ toutes loix. Le ſouffre mêlé à tous „ les végétaux & à tous les aliments, „ l'uſage continu du chocolat, des „ liqueurs les plus fortes & des drc„ gues les plus échauffantes, oc„ caſionnent des exploſions & des „ éruptions qui ne ſouffrent ni délai „ ni ménagement. Les cours des pa„ lais & des hôtels, les porches des „ maiſons particulieres, leurs eſca„ liers & leurs palliers, ſont autant „ de réceptacles pour les beſoins de „ tous les paſſants. Les gens en car„ roſſes deſcendent ſouvent eux-mê„ mes pour s'y mêler aux gens de

„ pied. Tout citoyen, en prenant „ chez les autres la liberté qu'il per„ met chez lui. „

Veniam petimusque damusque vicissim.

Pendant que nous sommes à l'article de Naples, nous rapporterons un réglement qu'une Reine de ce Royaume fit sur les lieux de prostitution.

La Reine Jeanne premiere des deux Siciles, & Comtesse de Provence, à l'âge de vingt-trois ans, devint législatrice & fondatrice d'une maison de prostitution dans la ville d'Avignon, dont elle étoit Souveraine. Cette Princesse fit dresser, en conséquence, les statuts suivants, qu'elle vouloit qui fussent exécutés dans tous leurs points.

ARTICLE PREMIER.

L'an treize cent quarante-ſept, au mois d'août, notre bonne Reine Jeanne a permis d'établir un Bord... dans Avignon. Elle ne veut pas que toutes les femmes galantes ſe répandent dans la ville; mais elle leur ordonne de ſe tenir renfermées dans la maiſon, & de porter, pour être connue, une aiguillette rouge ſur l'épaule.

ART. II.

Item. Si quelque fille à eu une foibleſſe, & qu'elle veuille s'en permettre de nouvelles, le premier huiſſier la menera par-deſſous le bras à travers la ville au ſon du tambourin, avec l'aiguillette rouge ſur l'épaule, & la logera dans la maiſon avec les autres. Il lui défendra de se trouver dehors la ville; à peine d'être fouettée secretement pour la premiere fois, & d'être fouettée publiquement pour la seconde.

ART. III.

Notre bonne Reine commande que la maison soit établie dans la rue du Pont rompu, *proche le Couvent des freres Augustins*, jusqu'à la porte de Pierre; qu'il y ait du même côté une porte par où tout le monde puisse passer, mais pourtant qui se ferme à clef, afin que la jeunesse ne puisse rendre de visite, sans la permission de l'Abbesse ou Supérieure, qui sera tous les ans nommée par les Consuls. Cette Supérieure gardera la clef. Elle avertira la jeunesse de ne point faire de bruit, & de ne point chagriner les filles ; autrement, à la moindre plainte qu'il y aura, ils ne sortiront que pour être conduits en prison par des sergents.

ART. IV.

La Reine veut que tous les samedis la Supérieure, & un Barbier envoyé par les Consuls, visitent toutes les Demoiselles qui seront dans le Bord.. ; & s'il s'en trouve quelqu'une pour qui le métier ait eu des suites fâcheuses, qu'on la sépare des autres, & qu'on la loge à l'écart, afin que personne ne l'approche, & pour éviter à la jeunesse des accidents.

ART. V.

Item. S'il se trouve quelque fille qui devienne grosse, la Supérieure veillera à ce qu'elle ne se défasse de ſon fruit, & elle avertira les Conſuls, afin qu'ils ayent ſoin de l'enfant.

Art. VI.

Item. La Supérieure ne permettra à perſonne l'entrée de la maiſon les jours du vendredi & du ſamedi ſaint, non plus que le bienheureux jour de Pâques, à peine d'être caſſée & fouettée publiquement.

Art. VII.

Item. La Reine veut que toutes les filles vivent ſans diſputes & ſans jalouſie ; qu'elles ne ſe volent ni ne ſe battent, mais qu'elles s'aiment comme des ſœurs ; que s'il arrive quelque querelle, ce ſera la Supérieure qui les accommodera, & on ſera obligé d'en paſſer par ſon jugement.

ART. VIII.

Item. Si quelque fille' a fait un vol, la Supérieure en fera rendre l'objet à l'amiable. Si la voleuse se refuse à la restitution, elle sera fouettée, la premiere fois, par un huissier dans une chambre; & en cas de récidive, par le bourreau dans toute la ville.

ART. IX.

Item. La Supérieure ne recevra aucun Juif. S'il s'en trouve quelqu'un qui s'y glisse par adresse, & qui ait connoissance de l'une des filles, il sera emprisonné, pour être ensuite fouetté publiquement par la ville.

Est à remarquer que cette Reine avoit dès-lors fait pendre André son premier mari, parce qu'il lui déplaiſoit, & que par la ſuite elle a procuré le même ſort à trois autres, dont elle s'étoit laſſée ſucceſſivement. Elle, à ſon tour, a été étranglée & étouffée entre deux matelas.

Les proſtituées *Eſpagnoles* ſont de toutes les Européennes, celles qui font le plus gravement leur vil métier. La férocité naturelle à leur nation, les expoſe chaque jour à ſe prêter à mille fantaiſies brutales, qui les dégradent plus que par tout ailleurs. Il ſeroit dangereux d'en citer des exemples; mais que l'habitant infortuné du Mexique, & des montagnes du Potoſe, ſeroit vengé, s'il voyoit les ſœurs & les filles de ſes tyrans, ſoumiſes à des caprices!.. Il n'eſt peut-être aucun pays où le genre humain ſoit plus corrompu. Les filles renfermées dans la maiſon paternelle,

paternelle, où elles n'ont vu d'hommes que leurs freres, & sortent souillées pour passer dans les bras de leurs époux.

Nous voyons dans l'histoire d'Espagne, que Henri IV, Roi de Castille, surnommé l'Impuissant, avoit épousé en premiere noces, Blanche de Navarre, qu'il répudia ; & que son mariage ayant été déclaré nul par le Pape Nicolas V, il épousa en secondes noces Jeanne de Portugal, qui étoit la plus belle femme de l'Europe. Ce Prince s'étant apperçu que l'opinion que l'on avoit de son impuissance, autorisoit les factions qui se formoient tous les jours contre lui, résolut, à quelque prix que ce fût, d'effacer cette opinion, & de souffrir pour cela qu'un autre prît sa place dans le lit de la Reine. Pour cet effet, il jetta les yeux sur le Comte de Lédesma, son favori, & convint avec lui des mesures à prendre pour la réussite de son projet; mais par un sort des plus bisarres, cette place se trouvoit déjà occupée par Alphonse de Cordoue, qui, lors de son ambassade en Portugal, pour le mariage de Roi avec la Princesse Jeanne, en étoit devenu éperduement amoureux, & avoit remué depuis ce temps tous les ressorts de son imagination, pour parvenir à obtenir ses faveurs; en sorte qu'il surprit la nuit des noces, au-lieu du Comte de Lédesma, à qui le Roi l'avoit abandonnée, & dont le fruit fut de perdre la vie par les mains d'Alphonse, qui, par la suite, se trouva le pere d'une Princesse dont la Reine accoucha.

En Allemagne, les filles publiques

ſont tolérées dans les grandes villes, & chaſſées dans les médiocres, dès qu'elles y ſont connues. On peut dire que ce Pays & la Suiſſe, ſont, en Europe, ceux qui ont conſervé le plus d'innocence. Aucun autre déſordre n'y remplace la proſtitution. Qu'on ne leur en faſſe pas un mérite; s'ils avoient de grandes villes, ſi l'on voyoit chez ces peuples des fortunes immenſes, & trop d'inégalité, la corruption ſe communiqueroit bientôt. Il y a des cantons en France, où les mœurs ſont pures, & des villes en Allemagne, telles que Berlin... qui renchériſſent ſur Paris & Londres pour le déréglement. La température du climat n'eſt qu'une foible barriere oppoſée à la corruption de quelques hommes, que l'affluence de tous les plaiſirs tient dans l'engouement, & qui ne peuvent réveiller leurs ſens émouſſés, qu'en payant au poids de l'or d'infames complaiſances.

Les maux vénériens & leur curation, étoient preſqu'inconnus en Allemagne avant les deux dernieres guerre. La Suiſſe ſeroit encore ſpectatrice déſintéreſſée de la plaie générale, ſi quelques-uns de ſes enfants qui ſe mettent à la ſolde des Puiſſances voiſines, ne rapportoient le poiſon dans le ſein de leurs meres. Mais on dit que, depuis quelques années, le libertinage s'étend, & que les exemples des plus honteux déſordres y deviennent moins rares.

En Danemarck, en 1707, une maladie contagieuſe, ayant emporté une grande partie des habitants de l'Iſlande, le Gouvernement, pour y attirer les autres ſujets de Danemarck, autoriſa les filles Iſlandoiſes à faire juſqu'à ſix bâtards, ſans porter atteinte à leur réputation. Cette ordonnance eut ſon plein & entier effet. Ces bonnes filles montrerent tant de zele à repeupler leur patrie, qu'on fut bientôt obligé de révoquer un réglément ſi agréable, & même de ſtatuer une peine très-rigoureuſe contre celles qui s'y conformeroient. Il étoit d'uſage dans ce Royaume, ainſi que dans celui de Norwege, que tout veuf, ou veuve, ne pouvoit ſe marier en ſecondes noces avec la fille ou le fils, la ſœur ou le frere, la niece ou le neveu de la premier femme, ou du premier mari, ſans une diſpenſe du Roi, qu'on n'obtenoit qu'à prix d'argent. La même diſpenſe étoit néceſſaire pour les mariages, que des garçons & des filles, d'un premier lit, vouloient contracter avec les fils & les filles de leurs beaux-peres & belles-meres. Le Roi régnant toujours occupé de ce qui peut favoriser la population dans son Royaume, a rendu, le 27 décembre 1770, une ordonnance, par laquelle Sa Majesté permet à ses sujets de contracter ces différentes sortes de mariages, sans être tenus de demander aucune dispense.

Voici le tableau que fait Pétrone de l'impudique *Quartilla*, dans la Capitale du monde.

Encolpe & *Ascylte* sont chez Quartilla. Après que de vieux débauchés les eurent fatigués de caresses lascives & révoltantes, *Psyché*, suivante de *Quartilla*, s'approcha de l'oreille de sa maîtresse, & lui dit en riant quelque chose ; elle répondit : *Oui, oui, c'est fort bien avisé, pourquoi non ! Voilà la plus belle occasion qu'on puisse trouver pour faire perdre le pucelage à Pannichia.* On fit aussi-tôt venir cette petite fille, qui étoit fort jolie, & ne paroissoit pas avoir plus de sept ans ; c'étoit la même qui, un peu auparavant, étoit entrée dans notre chambre avec Quartilla. Tous ceux qui étoient présents applaudirent à cette proposition ; & pour satisfaire à l'empressement que chacun témoignoit, on donna les ordres nécessaires pour le mariage. „ Pour moi, (c'est Encolpe qui parle) je demeurai immobile d'étonnement, & je les assurai que Giton avoit trop de pudeur pour soutenir une telle épreuve, & que la petite fille n'étoit pas aussi dans un âge à pouvoir endurer ce que les femmes souffrent dans ces occasions. --- Quoi! répartit Quartilla, étois-je plus âgée, lorsque je fis le premier sacrifice à Vénus? Je veux que Junon me punisse, si je me souviens jamais d'avoir été vierge: car je n'étois encore qu'un enfant, que je folâtrois avec ceux de mon âge; & à mesure que je croissois, je me divertissois avec de plus grands, jusqu'à ce que je sois parvenue à l'âge que je suis. »

INCONVÉNIENTS DE LA PROSTITUTION.

1°. *La maladie Vénérienne.*

CEtte cruelle maladie fut apportée en Europe de l'*Isle d'Haiti*, par Cristophe Colomb.

Haiti, à présent St. Domingue, est une des Antilles, où la grosse sœur de la petite vérole est endémique, & comme naturelle; soit par la qualité des aliments, la chaleur du climat, où l'incontinence des anciens habitants. C'est ainsi que l'autre fléau, nommé petite-vérole, est propre à l'Arabie. Il en sortit par les conquêtes de Mahomet; les Croiſés l'apporterent en Europe, en revenant de la Terre-Sainte ; & tels ſont les fruits que le genre humain à retirés des Croiſades, & de la découverte du nouveau monde.

Les ravages de la groſſe vérole s'étendent ſur pluſieurs générations, ſans que les individus s'imbuent d'un nouveau *virus*. Le minéral qu'on employe, le régime qu'on obſerve, affoibliſſent le tempérament : un levain qu'on ne parvient jamais à détruire entiérement, attaque les principales viſceres, ſur-tout l'eſtomac & les poumons. Il n'eſt point de guériſon complette ; l'économie animale ébranlée trop fortement, ne reprend jamais un équilibre parfait. Si les coupables étoient ſeuls affectés de ce mal cruel, on pourroit le regarder comme une juſte punition de leurs désordres ; mais les enfants ne le sont pas. On voit de tendres infortunés devenir la proie & les victimes d'un mal d'autant plus dangereux, qu'ils ne soupçonnent pas même d'en être atteints. Il a déjà fait d'irréparables ravages, lorsqu'on le reconnoît aux symptômes qui lui sont propres. Les nouveaux nés & leurs nourrices périssent misérablement. L'humanité, la raison indiquent qu'on ne doit rien négliger pour défendre & sauver ces innocentes créatures.

N. B. Bien des gens s'occupent à chercher des méthodes sûres & faciles pour guérir les maladies vénériennes, sans employer l'incommode & dangereux mercure. Les prétendues découvertes peuvent tout au plus enrichir quelques charlatans, que le secret de procurer des cures palliatives rend célebres.

2. *Quantité de jeunes filles presque*

toutes jolies & bien ſaites, & les mieux conſtituées de la nation, ſont perdues pour la Patrie, par la Proſtitution.

On ſait que dans cet état auſſi dangereux qu'humiliant & pénible, elles parviennent rarement juſqu'à la moitié de leur carriere : les débauches en tout genres abregent le cours de leur vie. Elles ne rendent point à l'état le tribut du travail que lui doit chacun de ſes membres; elles paſſent leurs miſérables jours dans une ſorte d'engourdiſſement, dont elles ne ſortent la plupart que le ſoir, pour tendre ces filets où l'homme le plus ſage ſe prend quelquefois auſſi-bien que le libertin. La patrie eſt privée des ſujets que lui donnoient toutes ces filles, qui regarde la groſsesse comme le plus grand des malheurs, non parce qu'elle leur fait mettre ordinairement au monde des enfants mal-sains, qui périssent bientôt, ou vivent infirmes, mais parce qu'elle porte un échec toujours irréparable à leurs attraits. Aussi employent-elles tous les artifices imaginables pour l'éviter, ou pour se procurer l'avortement, au commence- d'une grossesse reconnue.

3°. *Les lieux de débauche, multipliés comme ils sont à Paris, font souvent naître, pour certaines femmes, le dessein & l'occasion de venir s'y livrer à l'infame penchant au libertinage, qu'elles n'eussent pas écouté, sans la facilité de le satisfaire.*

De jeunes filles, trop dominées par

le goût de la parure, ſéduites par l'appas du gain, quelquefois entraînées par le tempérament, y vont perdre leur innocence & l[illegible]ſanté ; des parents honnêtes, [illegible] inattentifs, deviennent auſſi l[illegible]s dupes de la confiance qu'ils ont en leurs enfants.

4°. *Tous les déſordres regnent ordinairement dans les lieux de proſtitution.*

Le mal ſeroit moins grand, ſi l'on ne faiſoit que ſuivre le penchant de la nature ; mais l'on pourroit preſque regarder comme ſages ceux qui s'en tiennent-là. D'ailleurs, cette route naturelle ne ſeroit pas la plus ſûre ; &, malgré lui, l'homme eſt contraint de ſe livrer à des goûts dépravés. Il eſt aſſuré de ne pas trouver de réſiſtance, les filles devant préférer toutes les manieres à celle qui les expoſe aux mêmes dangers que les hommes, & à celui qui leur eſt particulier, & qu'elles redoutent ſi fort, à la groſſeſſe. Il n'eſt aucun genre de dégradation que ces malheureuſes ne ſubiſſent ; on les voit ſe livrer à ce qui leur répugne le plus, ſoit par intérêt, ſoit par la crainte d'être maltraitées, ce que les plus infames complaiſances ne leur font pas toujours éviter. L'amour, ce ſentiment divin, que l'Etre ſuprême fait naître dans les cœurs pour y répandre une douce ivreſſe qui nous fait ſupporter les miſeres de la vie, & nous conſole dans la triſte atteinte de la mort ; l'amour, dis-je, lorſqu'il n'eſt pas joint à l'eſtime, fait de l'homme un animal féroce. C'eſt l'amour qui le rend plus furieux, plus cruel que la colere même. Il eſt ſatisfait en grinçant des dents, & meurtrit ce qu'il vient de careſſer.

58. *Un homme accoutumé à voir des femmes ſans pudeur, le mépris qu'il a pour elles retombe ſur tout un ſexe enchanteur, à qui il ne peut rendre hommage ſans que la gloire en réjailliſſe ſur lui-même.*

On peut ſe dire; ces graces, qui le ſont davantage à demi-voilées, n'excitent plus dans le cœur des hommes ce trouble, ce treſſaillement ſéditieux, le premier, & peut-être le plus doux des plaiſirs. Lorſque dans la ſuite, par pudeur, une chaſte épouſe ſe dérobe à leurs emportements, ils ſont incapables de connoître le prix d'une modeſte réſerve,

Ils enseignent à leurs vertueuses compagnes, ils exigent d'elles ces caresses effrontées, dont la débauche à fait un art. Insensés! Ignorent-ils que l'amour & la beauté sont de tendres fleurs, qui se fannent dès qu'on les touchent, qui se sechent, dès qu'une main trop avide les veut presser !

6°. *Un grand inconvénient qui résulte de ce que les filles publiques, ou même entretenues, sont mêlées avec d'honnêtes citoyens; c'est qu'on peut voir, & que l'on voit souvent ce qui se passe dans leurs chambres.*

Si un jeune homme, une jeune personne, ont malheureusement découvert un endroit de leur maison, qui les mette à portée de s'instruire de ce qui se fait chez une fille publique, quel changement funeſte ne préſume-t-on pas que produira dans leurs mœurs cette dangereuſe vue ! L'imagination ſera ſouillée ; la tache qui s'imprimera ſur cette ame neuve, ne s'effacera peut-être jamais. Et votre fils ? Il voudra bientôt connoître par lui-même ce qu'il n'a fait qu'entrevoir. Souvent auſſi le haut de la maiſon, dont les filles publiques occupent le premier étage, eſt habité par des gens du commun, d'une conduite honnête. Leurs femmes & leurs filles, en rentrant chez elles, ſe verront expoſées à des diſcours, à des attouchements.... Il faudra qu'elles délogent, & que la vertu humiliée cede la place au vice.

7°. *Les filles perdues ſortent, ſe promenent ; quelques-unes ſe font re-*

marquer par l'élégance de leur parure, & plus souvent encore par l'indécence avec laquelle elles étalent des appas séducteurs : de jeunes imprudents prennent avec elles, même en public, des libertés criminelles.

Nos enfants sont témoins de ces horreurs, avalent le poison. Il fermente, il se développe avec l'âge, & cette vue dangereuse les conduit à leur perte, malgré les soins d'un pere & d'une mere vigilants. La fille d'un artisan, d'un bourgeois même, encore dans cet âge où l'ingénuité native ne lui fait soupçonner de mal à rien, voit une femme bien vêtue, que de jeunes plumets suivent à la piste, abordent, caressent; cette fille innocente sent naître dans ſon cœur un deſir de lui reſſembler, foible, il eſt vrai, mais qui ſe fortifiera, & lui frayera peut-être un jour la route du déſordre.

8°. *Dans un jardin public, dans les ſpectacles, ou les ſens viennent d'être remués par tout ce que la Capitale à de plus ſéduiſant, on rencontre des objets ſemblables à ceux qu'on vient de deſirer.*

Pour éviter le péril, il faut avoir une vertu à toute épreuve, ou manquer de tempérament. Quelle indécence pourtant! Sous le voile d'une demi-obſcurité, on oſe... des enfants répandus dans le jardin, des jeunes filles que les meres ont menées au ſpectacle, ont devant les yeux... l'on s'étonne de la corruption des mœurs dans l'âge tendre!.... La science du plaisir en précede le goût & l'usage.

9°. *Souvent une fille publique, lasse de la Capitale, ou craignant la vengeance de ceux à qui elle a communiqué le poison qui circule dans ses veines, ou bien d'autres crimes lui faisant redouter le Magistrat & les Loix, va répandre ailleurs la contagion.*

C'est alors qu'affichant le libertinage & la crapuleuse indécence, on la voit scandaliser les voitures publiques où elle se trouve, (ceci arrive particuliérement dans les coches d'eau.) Des gens sans mœurs de tout âge, s'attroupent autour d'elle; l'on entend retentir les chansons sales & dégoûtantes, les propos révoltants de la brutalité grossiere. Malheur aux jeunes gens ſans expérience, qui ſont témoins de mille ſcenes infames que ces malheureuſes occaſionnent ! Elles ſuffiſent quelquefois pour leur faire perdre leur innocence : malheur ſur-tout aux jeunes filles toujours curieuſes, dont l'attention, en dépit d'elles-mêmes, ſe fixera ſur des tableaux, juſqu'alors inconnus ! Le vice eſt ſi contagieux, que l'exemple qui devroit effrayer, diminue ſouvent l'horreur qu'on en avoit.

D'autre fois, (& dans ce cas, le péril eſt preſqu'inévitable) il s'y rencontre des filles publiques qui ſe déguiſent ſans un air modeſte & réſervé. La décence la plus ſcrupuleuſe accompagne leurs diſcours & leurs manieres ; un ſéduiſant & modeſte négligé, répare le délabrement de leurs attraits ; un honnête homme les voit, son cœur lui parle pour elles, il devient officieux, complaisant, rempli d'égards; il est touché de quelques marques de reconnoissance; il s'attendrit: un sourire séducteur acheve alors de le charmer; ses principes l'abandonnent; eh! qui peut résister aux agaceries d'une femme que l'on croit honnête!) La nuit survient; on s'arrange près l'un de l'autre; l'occasion, les sens, quelquefois le cœur... un homme est sitôt pris... L'obscurité... Il en profite pour savourer une bouche impure, un dangereux baiser.... Il s'enhardit..... La résistance est imperceptiblement nuancée... il succombe... & l'honnête homme séduit paye de sa santé, quelquefois de sa vie, l'oubli momentané de ses devoirs.

Si la prostituée, chemin faisant,

peut causer tous ces ravages, que de désordres suivront son arrivée dans une ville de Province parmi des hommes que l'inexpérience va rendre faciles à tromper, que la soif des plaisirs illicites dévore, soif que des attraits assaisonnés à la maniere des grandes villes, vont allumer bien davantage!

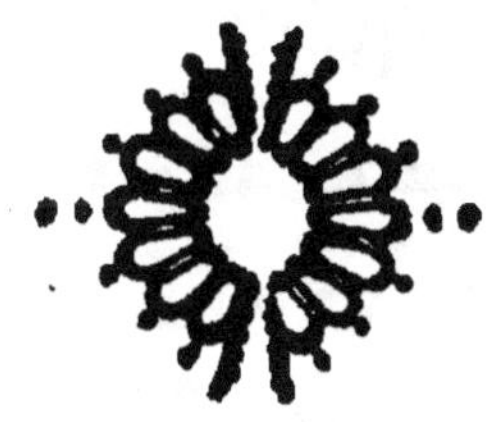

NOMS

Des Lieux de Proſtitutions, & qualités différentes qu'on donne aux filles proſtituées, &c.

APrès avoir donné un abrégé des inconvénients qu'occaſionnent les lieux de proſtitution, nous allons détailler les noms de ces mêmes lieux de proſtitution, tels qu'ils ſubſiſtent encore aujourd'hui dans les différents Etats où il y en a; les différentes qualités qu'on donne aux filles proſtituées, (que nous diviſerons en douze claſſes) & quelques-unes de leurs hiſtoriettes.

La Pornognomie ſignifie, en Grec, *la regle des lieux de débauche;* &

le nom demi-barbare de *Pornographe*, veut dire celui de l'Ecrivain qui traite de la Proſtitution.

Parthenions, en Grec Παρθενιον, *Conclave virginum* ou *puellarum*. Ce mot paroîtra, ſans doute, mal appliqué; mais ceux qui conviendroient davantage, le Πορνοβοσκεῖον des Grecs, le *Lupanar* des Latins, le *Bordel* des François, pourront bleſſer les oreilles délicates.

Garce, autrefois terme honnête, à préſent injurieux. Cependant les Provençaux & les Gaſcons continuent toujours dire d'une grande fille, une *Garce*, & d'une petite, une *Garcette*.

L'étymologie du vilain terme *Maquerelle*, vient du mot Grec *Machœrophorus*. Μαχαιροφορυσ ne ſignifioit autre choſe que *Gendarme*; mais ce mot, dont on a retranché les deux dernieres syllabes, est bien avili depuis qu'il les caractérise.

Le Dictionnaire de l'Encyclopédie donne au mot *Putain* une origine Italienne, & le fait dériver de *Putana*. On pourroit tout aussi-bien dire qu'il sort de l'Espagnol, *Puta* : dans la vérité, ni l'une ni l'autre de de ces Langues ne nous l'a fourni. Il vient du François, *Pute*, qu'on prononce encore *Peut*, ou *Peut*, *Peute*, en diverses Provinces ; expression formée du Latin *Putidus*, *Puant*, *Puante*.

Somménie. Lieu situé sous les murailles. C'étoit dans l'ancienne Rome un quartier proche du rempart, affecté aux filles publiques : elles ont aujourd'hui un quartier dans cette ville, sous la protection de l'Etat, aux ordres du *Barigel* Major ; & elles ont quatre dénominations. Les *Meretrices*, les *Lupa*, les *Putana*, & les *Bagascia*.

Nous voyons au Chapitre du Deutéronome, que Dieu ordonne que, pour les choses requises à nature, il y ait un lieu hors du camp, c'est-à-dire, hors la ville, afin que ce lieu soit sain & pur.

La premiere classe, sont les filles entretenues par un seul, qui ne tardent pas à lui donner des associés.

Cette premiere classe est à un taux qu'on ne peut déterminer. Elle procure des plaisirs qui ne sont pas toujours sûrs.

On nomme ici l'entretenant, *Mylord Pot au feu*. Celui qui va après lui, est appellé *Greluchon*. Celui-ci mange avec d'autres filles, ce que l'entreteneur donne à celle qu'il entretient. Les autres qui suivent, s'appellent des *Passades.*

La seconde classe. Les filles publiques par état. Telles sont les Actrices de l'Opéra, des Comédies Françoise & Italienne.

Cette classe est la plus dangereuse, (on ne parle pas de quelques-unes des plus célebres, & cela par respect pour leur vertu) elles ruinent les Ducs, les Comtes, les Marquis, les Lords, &c. Elles épuisent même les sources intarissables des financiers.

La troisieme. Les demi-entretenues : ce sont de jeunes filles prises chez une Maman, (Maq.) publique, qu'un homme a trouvées assez jo-

lies pour ſe déterminer à en avoir ſoin.

Cette claſſe eſt moins à redouter, mais elle eſt vile, indigne d'un homme délicat. Ces demi-entretenues n'exigent qu'un entretien *bourgeois coquet*. Il eſt peu flatteur de ſe charger d'une fille que mille autres ont avilie ; qui, telle que les eſclaves Turques ou Perſannes, n'eſt fidelle, qu'en attendant l'occaſion de ne l'être pas. Comment oſe-t-on ſortir avec elle, ſe montrer aux ſpectacles, aux promenades, où l'on eſt à tout moment déſigné? N'eſt-il pas naturel d'avoir mauvaiſe opinion d'un homme qui brave tout cela?

La quatrieme claſſe. Les filles de moyenne vertu, qui ne ſe proſtituent que par interim, *dans des mortes saisons pour leurs métiers, & dans la vue de subvenir à des besoins pressants.*

Les filles dont il est ici question donnent quelquefois dans toutes les classes inférieures; elles n'ont point de rang déterminé. (Elles seroient excusables, si l'on pouvoit l'être en embrassant un pareil métier.) Les libertins se font un ragoût des filles de cette classe, lorsqu'ils parviennent à en découvrir quelqu'une. En quoi consiste donc ce plaisir vanté? A triompher d'une fille qui languit de besoin, qui dévore ses larmes en vous caressant; (voilà les plus honnêtes,) ou bien, d'une dévergondée, qui se réduit au comble de l'humiliation, pour avoir du pain à la vérité, mais sans répugnance pour le crime, comme ſans goût pour le plaiſir ; d'ailleurs, ſouvent groſſiere & mal-propre? Oh! la triſte volupté! volupté déteſtable! On ne peut donc goûter de véritables plaiſirs avec ces malheureuſes. Il n'eſt pas de moyen plus ſûr d'inſpirer aux deux ſexes une juſte horreur de la débauche. Le vice par lui-même eſt ſi laid, qu'il effraye toujours dès qu'on le préſente ſans les ornements que ſait lui prêter une imagination corrompue.

La cinquieme claſſes. Les Courtiſannes qui ſe font un nombre de connoiſſances, qu'elles reçoivent & vont voir.

Les libertins d'une fortune bornée font entr'eux divers arrangements, auxquels cette claſſe de filles ſe prête. On en pourroit citer qui effrayeroient le citoyen vertueux. On dit que de jeunes ouvrieres, encore dans la maison paternelle, ont eu deux, trois, & même jusqu'à six amis, à un prix modique par semaine. Ces filles offrent au libertinage quelque chose de plus piquant & de moins fastidieux. Toujours propres, élégantes même, ordinairement ce qu'on appelle *sensibles* en terme de débauche, elle peuvent émouvoir les sens: mais le cœur, mais l'ame jamais; le pouvoir de leurs attraits ne va pas jusques-là. Eh! qu'est-ce que l'amour réduit au physique des sens?... O malheureux, sois honnête, laisse attendrir ton cœur pour un objet estimable, & je te ferai juge dans ta propre cause! Tu jouis, dis-tu? Insensé, eh de quoi?... Tu trembles!.. il n'est plus temps: le poison pris hier chez une autre, circule aujourd'hui dans tes veines!.. & tu l'as mérité.

La ſixieme claſſe. Les femmes du monde à qui des vieilles amenent chaland, & qui, lorſqu'elles ſortent, n'affectent pas leur état.

Dans cette claſſe, on affectionne particuliérement les vieillards ſagement débauchés. On les careſſe en même-temps qu'on les maudit. On reçoit leur argent, & on les donne au diable. Si un vieillard réfléchiſſoit ſérieuſement à l'horreur du ſpectacle auquel il ſe donne, il abjureroit pour jamais ces lieux impudiques.

La ſeptieme claſſe. Les Demoiſelles chez les Mamans, (ou Maq.) qu'on met en réſerve pour les vieillards, ou autres qui payent cher. On con-

duit quelquefois celles-ci à la campagne chez de riches débauchés.

Celles-ci paroissent moins à craindre pour la sûreté de la santé ; mais comme elles ne sont point bornées à ces seules parties de campagnes, & qu'elles se livrent encore à des passades, ces riches débauchés n'en courent pas moins de risque pour la leur.

La huitieme. Les Raccrochantes pour leur compte qui sont mises sur le bon ton. Cette classe, ainsi que les Mamans, (ou Maq.) a plus d'un emploi ; les unes & les autres sont un écueil dangereux pour les gens astreints à la réserve.

Les filles de cette espece, pour l'ordinaire dans l'âge mûr, sont un peu plus raiſonnables que les autres ; elles montrent plus de conduite, ſe tiennent bien, ont un homme vil auquel elles donnent le nom d'*ami*, que ces bouches infames jugent à propos de profaner, comme elles ont fait long-temps celui d'*amant*.

La neuvieme claſſe. Les Boucaneuſes.

Ces filles vivent comme celles de la ſeptieme claſſe, chez des Maq... mais elles ſont au premier venu, & raccrochent pour elles-mêmes. Elles courent de mauvais lieu en mauvais lieu.

Ces infortunées, menent une vie très-crapuleuſe & fort triſte, ſans beaucoup de profit pour elles. Les maquerelles leur faiſant payer leur penſion, les habits & le linge qu'elles leur louent, aſſez cher pour qu'il ne leur reste rien, elles exposent à chaque instant leur santé pour ces infames : souvent elles extorquent quelque chose à force de sollicitations; cet excédent est pour elles.

La dixieme. Les Raccrocheuses. Elles sont assez mal logées en chambres garnies, & sujettes à bien des inconvénients du côté de la Police. Celles-ci sont quelquefois chez des Maq... de leur classe. Le tout n'est pas fort en sûreté.

Rien ne prouve davantage à quel point la passion nous égare, que le courage qu'ont des hommes souvent bien élevés, de suivre une malheureuse de la lie du peuple dans un taudis poudreux, où ils n'osent s'asseoir. On leur présente pour satisfaire leur brutalité, un objet mal-propre, & plus mal-ſain. Tout ce qu'on y voit, dégoûte ; & s'il étoit poſſible qu'une créature de cette claſſe eût quelques attraits, ſon entretien, ſes manieres détruiroient bientôt l'illuſion. O mortel ! voulez-vous voir l'humanité au dernier période de la dégradation ; ſuivez une de ces miſérables dans ſa retraite immonde : un homme qui penſe', n'aura-là rien à craindre de ſes paſſions ; il n'éprouvera qu'un ſentiment de douleur, de pitié, mêlé d'indignation.

La onzieme claſſe. Les Gouïnes. Elles ſont miſes en caſaquin, où en petite robe, &, pour l'ordinaire, aſſez dégoûtantes.

Les filles de cette claſſe renchériſſent encore ſur la dixieme. On s'étonne quelquefois que de pareils monstres vivent aux dépens des hommes.

La douzieme. Les Barboteuses. Ce sont des malheureuses qui se trouvent le long des maisons dans les rues peu fréquentés où elles exercent effrontément leur impudique métier, qui n'ont pour logement que des galetas dans les fauxbourgs, où elles ne conduisent personne ordinairement. Elles sont très-dangereuses pour les hommes de peine qui s'y arrêtent, & qu'elles infectent du poison vénérien.

Il faudroit à ces malheureuses un nom plus vil encore; laides, dégoûtantes, crapuleuses, elles attirent pourtant l'attention d'une foule de pauvres artisans, Serruriers, Taillandiers, Maréchaux, Maçons, Manœuvres, Porteurs d'eau, &c. qui ne ſont pas mariés.

Echauffé par le tempérament, ému par la vue continuelle de femmes qui lui plaiſent, un homme ſent naître des deſirs inquiets, preſſants & ſouvent impétueux: malgré lui, & en dépit de la raiſon, la nature cherche à ſe ſatisfaire. Dans ce moment, il voit une proſtituée. Ce ſont les mêmes attraits qui l'ont charmé : ſon imagination lui peint les plaiſirs de la nature : il reſſent des tranſports; il ſe flatte de les faire partager à celle qui les excite : il l'aborde; l'accueil de ces infames eſt preſque toujours doux : il la ſuit; on le cajolle juſqu'à ce qu'il ait payé : cependant, s'il diffère trop, on le preſſe : dès que la proſtituée a reçu ſon ſalaire, elle ne s'occupe plus que d'une choſe; c'eſt de se débarrasser promptement de l'homme. Si quelquefois une bouche assez jolie paroît demander un baiser, une haleine infecte en éloigne aussi-tôt. Son cœur, toujours de glace, son impatience lorsqu'elle se voit tourmentée, chasseroient Vénus de Paphos & de Cythere. Mais accorde-t-elle la derniere faveur; c'est alors que le danger devient plus grand, & que la nature outragée jusques dans son sanctuaire, punit de criminelles voluptés....

Telles sont les prostituées Françoises, & voilà la séduisante amorce qu'elles présentent. Encore si l'on en étoit quitte pour payer assez cher, sans éprouver le genre de satisfaction qu'on se promettoit! Mais presque toujours une froide jouissance a des suites affreuses. On est puni du plaiſir qu'on n'a pas goûté. Les regrets n'en doivent être que plus amers.

Les livres amuſants ſont remplis des tours qu'ont joués & que jouent encore tous les jours les filles proſtituées des différentes claſſes. Entre pluſieurs exemples qu'on pourroit citer, dont les détails ſeroient trop longs, on ſe bornera à rapporter ceux qui, par leurs ſingularités, méritent de trouver place ici.

Un Marchand Epicier, de la rue des Prouvaires, honnête homme, mais aimant le plaiſir, fut raccroché dans la rue St. Honoré, près les PP. de l'Oratoire; entraîné par ſon penchant, il ſe laiſſa conduire dans une chambre au quatrieme par une allée des plus étroites, où, étant parvenu, il propoſa à la Donzelle qui l'avoit raccroché, d'aller chercher une bouteille de vin, pour ſe rafraîchir tous les deux en prenant des ébats. Il lui donna à cet effet un écu de trois livres; celle-ci ne ſe le fit pas dire deux fois, prit une bouteille vuide, & ſe mit en route. Pendant ſon abſence, cet homme, qui ne s'étoit pas encore aſſis, ſe mit à parcourir des yeux l'horrible lieu dans lequel il ſe trouvoit, dont un miſérable grabat, poſé ſur un lit de ſangle, faiſoit le principal ornement; avec deux chaiſes & un tabouret de paille uſée, un coin de table d'environ trois pieds de circonférence, & à-peu-près trois aunes de tapiſſerie de Bergame, mangée des rats, qui cachoit trois tablettes, & une porte de communication à une autre chambre. Mais s'étant aviſé de lever cette tapiſſerie, quel fut son étonnement, fut de voir le cadavre d'un homme attaché debout, dans l'enfoncement de cette porte de communication! Saisi d'effroi, à cette vue, tout tremblant, il gagne la porte pour sortir de cet abyme; mais il n'eut pas fait deux pas, qu'un soldat des Gardes-Françoises parut sur l'escalier l'épée nue à la main, en lui demandant ce qu'il venoit faire chez sa femme. Le marchand, saisi de frayeur à cette apparition, fit un faux pas dans cet escalier, qui lui sauva la vie; car le bruit qu'il fit en tombant, fit accourir les voisins, pour voir ce que c'étoit. Le soldat remonta fort promptement à la chambre de la Donzelle où il s'enferma; & le galant, trop discret pour avouer sa turpitude, ne voulut rien dire de son aventure,

& le crime d'assassinat du cadavre qu'il avoit vu demeura impuni.

Un jeune homme établi depuis quelques années dans Paris, vint un jour prendre un de ses amis pour aller ensemble à la promenade. Lorsqu'ils traversoient le Pont Saint-Michel, il passa près d'eux une très-jolie femme, qu'accompagnoit un homme bien vêtu, & qui paroissoit à la fleur de son âge. La beauté de cette Dame les frappa l'un & l'autre. Sur le soir ils se trouverent vis-à-vis d'une maison de prostitution. Notre jeune homme, qui n'étoit pas un modele de sagesse, eut un entretien avec la Maq.... ; au bout d'un moment, il vint rejoindre son ami, & lui apprit ce qu'étoit celle qu'il avoit prise pour une connoissance ordinaire. Il lui dit qu'elle lui ménageoit une de ces aventures, inconnues par-tout ailleurs que dans les Capitales, & qu'il devoit se rendre chez elle le soir même. Son ami fit ce qu'il put pour l'en dissuader, en lui inspirant une juste horreur de ces infames endroits; mais le voyant obstiné dans sa résolution, il le quitta sur l'heure. Au milieu de la nuit, on vint dire à cet ami qu'on frappoit à sa porte à coups redoublés; il ordonna qu'on ouvrît, & se disposoit à s'habiller, lorsque notre imprudent jeune homme s'offrit à sa vue, mais bien différent de lui-même; il étoit pâle, défait, abattu, & pouvoit à peine se soutenir; son état effraya son ami, il lui donna des cordiaux, & le fit mettre au lit. A son réveil, il lui conta son aventure, & ce fut avec la derniere surprise qu'il lui apprit qu'il avoit paſſé la nuit dans un Bord... qu'il lui nomma, avec la même femme qu'ils avoient admirée la veille enſemble.

Un Prince étranger voulant un peu tâter de la galanterie de Paris, avant de retourner dans ſon pays, ſouhaita de paſſer la nuit avec une des Nymphes de l'Opéra, & jetta ſes vues ſur une petite danſeuſe, appellée *la Gauri*, qui étoit aſſez jolie, au bout du nez près, qu'elle avoit non-ſeulement pointu, mais même un peu galeux. L'Alteſſe étrangere s'en accommoda pourtant; & voulant la garder pour la bonne bouche, il la fit arrher pour la veille de ſon départ. *La Gauri*, ſoit qu'elle eût le rhume eccléſiaſtique, dont le mal qu'elle avoit au bout du nez paroiſſoit un indice, ou ſoit qu'elle eût quelqu'autre indiſpoſition, avoit pris de ces pillules qu'on avale le ſoir pour qu'elles operent le lendemain matin. Elle auroit bien voulu remettre la partie à une autre fois : mais on lui dit que partie remiſe ſeroit à coup ſûr partie perdue; puiſque le Prince partoit le lendemain matin. Ainſi pour ne pas laiſſer échapper cette aubaine, & comptant que l'effet de ſon remede ne viendroit qu'après coup, elle convint de ce qu'on ſouhaitoit, & le Prince la fit venir chez l'Ambaſſadeur de ſon Souverain, où il ſe mit en beaux draps blancs avec elle. Mais un certain degré de chaleur, peut-être un peu trop fort, ayant fait fondre les pilulles avant le temps, l'évacuation fut ſi prompte & ſi forte, que le lit en fut infecté. Le pauvre Prince en eut juſqu'au col. Il fallut appeller

appeller du ſecours, & paroître devant des domeſtiques, dans un état fort peu propre à leur inſpirer du reſpect. Ils ne purent s'empêcher de rire de l'état où étoit leur maître. Les gens de l'Ambaſſadeur en furent témoins; & s'il n'avoit pas dû partir le lendemain, je crois qu'on lui auroit fait une terrible guerre, & qu'il auroit eſſuyé bien des plaiſanteries: mais pour le coup il ne ſongea qu'à ſe faire eſſuyer lui-même. On éberna auſſi la danſeuſe, qui fut remerciée de ſa courante comme elle le méritoit; & après une inondation d'eau de la Reine d'Hongrie, & de fleur d'Orange, on mit le Prince en état de pouvoir paroître auprès des honnêtes gens, ſans riſquer d'être en mauvaiſe odeur parmi eux. Le reſte de la nuit ſe paſſa en ſavonnage, &

il partit dès l'aube du jour, peſtant fort contre les Demoiſelles de l'Opéra, & jurant de ne plus faire de faux pas avec de pareilles Danſeuſes. On ne ſait s'il s'eſt ſouvenu de ſes ſermons. On croit qu'il a pu ſe ſouvenir de celle qui les lui à fait faire, & que les eaux de ſenteur n'auront pas ôté toute l'infection. Quoi qu'il en fut, il partit fort mécontent du ſuccès de ſes amours, emportant avec lui une vilaine idée des ſuivantes de Vénus.

Un homme, dont on taira le nom, fut introduit dans un lieu de débauche par une de ces femmes qui récueillent les paſſants. A ſon arrivée, il y avoit beaucoup de trouble dans la maiſon : de ſorte qu'il ſe vit dans l'impoſſibilité de ſortir, & prudemment il ne devoit pas ſe montrer. Ce particulier prit le parti que lui suggéra celle qui l'avoit amené ; il se retira dans un cabinet, dont la porte vîtrée donnoit sur une piece, où plusieurs libertins s'étoient rassemblés autour de deux filles fort jeunes & assez jolies, qu'ils avoient fait mettre nues.... Elles étoient attachées.... Une cruelle précaution étouffoit leurs plaintes.... (On supprime d'autres circonstances plus révoltantes)... Ils pousserent la barbarie si loin, que craignant que la Maq..... & cette femme qui venoit d'entrer, ne s'échappassent pour appeller du secours, ils les lierent l'une & l'autre aux pieds du lit. Le *malencontreux* qui étoit venu chercher le plaisir dans cette maudite maison, frissonna d'horreur. Il vit mille choses monstrueuses & dégradantes... Enfin, ce cruel ſpectacle ceſſa. Mais avant de ſortir, ces infames eurent l'inhumanité de piquer légérement avec leurs épées, les deux malheureuſes qui étoient à leur diſcrétion. Elles ne pouvoient crier, mais on entendoit un gémiſſement ſourd, qui avoit quelque choſe d'affreux; on voyoit les larmes couler abondamment le long de leurs joues, & ſe mêler avec des gouttes de leur ſang.

M. de ***, Seigneur François, étoit bien perſuadé que les Courtiſannes ne méritoient point l'attention d'un galant-homme; cependant il étoit d'un tempérament qui ne permettoit pas d'en condamner l'uſage, & s'en ſervoit en Philoſophe. Ce Seigneur donc devint amoureux d'une fille, La ***, qui, par ſes dépenſes, avoit ruiné pluſieurs autres Seigneurs: elle ne se livroit que pour des sommes considérables; encore falloit-il qu'elles fussent continuées & renouvellées plusieurs fois; on devoit pour obtenir des faveurs, se donner, non pas pour un soupirant passager, mais pour un amant en titre & stable. Le Seigneur dont on parle, étoit parfaitement instruit de toutes ces difficultés. Elles auroient sans doute rebuté quelqu'un moins ingénieux que lui; il les surmonta toutes, & même sans se mettre au risque de se ruiner. Son amour, quelque violent qu'il fût, ne lui ôtoit point le jugement, & il connoissoit parfaitement la véritable valeur du bien qu'il vouloit obtenir. Il alla chez cette fille, habillé magnifiquement, les mains & les poches remplies de bijoux. La vue de l'or & des diamants ne sert pas médiocrement à déterminer les Courtisannes; comment ne produiroit-elle pas cet effet sur des filles publiques, puisqu'elle agit avec beaucoup d'efficace sur les femmes qui se piquent de la sagesse la plus austere? La Donzelle ne manqua pas d'ouvrir les yeux; elle sentit un desir violent de s'approprier tant de richesses. Le sage amoureux la flatta habilement de les lui donner dans la suite; il parla clairement, & on lui répondit de même: enfin, après les propositions faites de part & d'autre, on conclut un traité, par lequel il fut spécifié que l'amant s'obligeroit, pendant le temps qu'il seroit le possesseur de sa maîtresse, de lui donner quinze mille livres toutes les années. Les choses étant ainsi terminées, le Seigneur fait apporter un souper fin & délicat; on ſe met à table, & après la table, au lit. Le galant profite le plus qu'il lui eſt poſſible de l'occaſion ; il prolonge ſes plaiſirs bien avant dans la matinée, la nuit n'ayant pu ſuffire à le ſatisfaire. Enfin, le midi le chaſſe du lit, il s'habille ; & lorſqu'il eſt prêt à ſortir, au-lieu d'aſſurer ſa maîtreſſe d'un prompt retour : *Mademoiſelle*, lui dit-il, *réglons nos comptes, s'il vous plaît. Je vous ai promis quinze mille livres par an : c'eſt environ douze cents livres par mois ; & par ſemaine, trois cents livres ; ce qui revient à un peu plus de trois louis par jour. Il y en a un que vous êtes ſur mon compte. Je ſuis accoutumé d'agir toujours noblement ; voilà quatre louis, moyennant leſquels nous rentrons vous & moi dans notre premier état ; vous pouvez chercher fortune ailleurs, & moi de même.*

Un jeune homme racontoit à ſon ami, qu'un jour ſur les cinq heures du ſoir.... il ſuivit au haſard une vieille dans un lieu de débauche... Il ne tarda pas à s'appercevoir que la jeune fille qu'on lui avoit préſentée, n'étoit pas du Bord...; il prit différents moyens pour la connoître.... L'occaſion l'ayant favoriſé, il la vit ſortir de la maiſon de ſes parents, ſur les neuf heures du matin, un livre de prieres ſous le bras : il vole ſur ſes traces : elle traverſe rapidement une Egliſe, enfile une petite rue, & ſe gliſſe... chez la vieille Maq... Ce jeune homme la vit pluſieurs fois de la même maniere...; mais il ne jouit pas long-temps de ſa prétendue bonne fortune, & auſſi long-temps qu'il l'auroit ſouhaité. Un jour qu'il paſſoit, ſuivant ſa coutume, dans la rue de la sage personne, il remarqua beaucoup de carrosses à sa porte. A dix heures, il la vit sortir élégamment parée, belle comme un ange, coëffée du symbole de la pureté. Elle alloit jurer une éternelle constance à un jeune amant, qui paroissoit ivre de son bonheur.

Cas de conscience discuté. Voici le fait : les Portugais s'étant déclarés pour l'Archiduc Charles, & étant venus en 1701, camper aux environs de Madrid pour combattre contre Philippe V, les Courtisannes de cette ville résolurent entr'elles, pour marquer leur zele pour ce Prince, que celles qui étoient les plus sûres de leur mauvaise santé, se parfumeroient & iroient au camp des Portugais ; de sorte qu'en moins de trois semaines, il y eut plus de six mille hommes de cette armée ennemie dans les hôpitaux, où la plupart moururent. Ce cas consistoit à savoir si ces filles péchoient en se prostituant aux Portugais, & si leur action n'étoit pas corrigée par l'intention de servir la Patrie. Le Docteur qui soutenoit qu'elles n'avoient point péché, disoit que, puisqu'il est permis de massacrer l'ennemi, de brûler, de saccager ses villes, & d'employer toutes sortes de moyens pour affoiblir ses forces, à plus forte raison est-il permis de lui donner la vérole.

Gaston d'Orléans, second fils de Henri IV, & frere du Roi Louis XIII, fort connu dans son temps pour un Prince qui prenoit un plaisir singulier à aller tirer le manteau sur le pont neuf, c'est-à-dire, à y voler les paſſants, un jour ſe trouvant dans une de ces ſortes de débauches avec quelques Seigneurs de ſa Cour, il voulut après cela aller manger une aumelette ſur le ventre d'un Quidam qui ſuivoit ſa Cour, lequel étoit d'une extrême groſſeur, & mangeoit comme quatre. Cette aumelette fut faite & verſée toute chaude ſur le ventre de ce gourmand, qui ne s'en plaignit point, ſoit qu'il fût ſaoul ou ladre; elle y fut mangée, & l'on but à tire-la-rigot. Après cette libation, Gaſton dit à ces Seigneurs qu'il vouloit leur donner un autre plaiſir. En effet, il les conduiſit chez la M..., qui faiſoit marchandiſe de filles, où étant arrivé, il ſe dépouilla tout nud, & ſe coucha entre deux de ces Prêtreſſes de Vénus, & fit beaucoup de train au lit, ce qui attira le Commiſſaire du quartier avec quelques archers. Celui-ci voulant exercer les devoirs de ſa charge, s'en trouva bien empêché par la maniere dont ces Seigneurs (qu'il ne connoiſſoit pas) le traiterent. Cependant le Commiſſaire, avec l'aide de la main-forte qu'il avoit envoyé chercher, étoit prêt de les arrêter tous. Ce que voyant Gaſton, il lui découvrit les marques de ſon rang, c'eſt-à-dire, le Cordon bleu; alors le Commiſſaire ſe voulut mettre à genoux pour faire réparation à ce Prince, qui en exigea de lui une autre plus riſible, & qui fut exécutée. Il fit mettre ſix à ſept de ces filles le derriere trouſſé & de rang, & obligea le Commiſſaire & ſa cohorte à faire une humble révérence devant ces derrieres impudiques, & enſuite il les renvoya.

Un honnête homme de Province avoit une fille, dont la jolie figure & les dispositions lui faisoient espérer de la consolation dans sa vieillesse. Des amis qu'il avoit à Paris, lui firent entendre que la jeune Demoiselle recevroit une éducation bien plus convenable & bien plus avantageuse dans une pension qu'ils connoissoient, & dont ils lui répondirent. Ce pere, qui ne cherchoit que l'avantage de sa fille unique, la leur confia. L'aimable Lucile entra dans la pension. La maison étoit bien réglée : les jeunes personnes étoient toujours sous les yeux d'une gouvernante aussi bonne qu'éclairée & prudente : aucune ne sortoit qu'avec ses parents, où quelqu'un envoyé de leur part, & connu. Qui n'auroit cru la jeune Lucile en sûreté ? La dévotion, une piété mal entendue la perdit. Un Prêtre fort eſtimé étoit Directeur de la maiſon. C'étoit un homme d'environ quarante ans; d'une figure ouverte & aſſez belle. Sa conduite avoit été juſqu'alors irréprochable, ou du moins aucun de ſes déſordres n'avoit éclaté. La jeune Provinciale avoit un minois, & ſurtout de ces yeux, dont les hommes qui veulent conſerver leur raiſon, ne doivent jamais affronter les regards. Vingt ans d'expérience ne rendirent pas plus ſage l'indigne Miniſtre des autels. Voir Lucile, la deſirer, former le deſſein de triompher de ſon innocence, en prendre les moyens, ce fut l'effet du premier de ces entretiens qu'il eut avec elle, qu'on nomme *Confeſſion.* Il abuſa donc de la confiance de celle qui lui ouvroit son cœur, & de l'estime que toute la maison où elle étoit avoit conçue pour lui : rien n'étoit malheureusement plus facile ; car s'étant emparé de son esprit (& peut-être de son cœur dans le tribunal) il demanda qu'on lui permît de l'y venir trouver deux fois la semaine. Comme la maison touchoit à l'Eglise, Lucile y alla seule. Il eut ensuite l'art de l'engager à venir chez lui, recevoir des avis plus étendus. Mais il lui fit entendre qu'il falloit que ces visites fussent secretes, pour ne la point faire jalouser de ses compagnes. Comblée de la préférence, la jeune personne nageoit dans la joie. Elle n'avoit que seize ans, plus innocente à cet âge, qu'on ne l'est à douze dans Paris ; elle fut longtemps la victime de coupables libertés avant d'y rien comprendre. Enfin, enhardi par le ſuccès, l'infame Prêtre la déshonora. Lucile ne comprit pas d'abord quelles devoient être les ſuites de l'attentat de ſon abominable ſéducteur. Mais lorſque l'événement l'en eut inſtruite, quel déſeſpoir! Elle vouloit ſe donner la mort; elle étoit la victime, mais, non la complice du monſtre; elle découvrit ſans ménagement toute ſa turpitude. Deux amis de ſon pere, qui ſe trouvoient à Paris, & que Lucile, dans les premiers accès de ſon déſeſpoir, inſtruiſit elle-même, réſolurent de poignarder ce ſcélérat : on pénétra leur deſſein, & on les empêcha de venger un crime abominable par une action injuſte, en tant qu'elle eſt défendue par les loix. La jeune infortunée, après avoir déploré ſon malheur de la maniere la plus attendriſſante, alla ſe renfermer dans une retraite. Son pere, ce vieillard qui n'eſpéroit qu'en elle, attriſté de la réſolution qu'elle prenoit de renoncer au monde, quitta ſa Province, pour venir la voir, la faire changer de deſſein, & l'emmener avec lui; il arrive, la demande: Lucile paroît les yeux mouillés de larmes, collés ſur la terre: ſon pere l'embraſſe. --- O ma chere enfant, s'écrie-t-il, tu me vois, & tu pleures! --- Lucile avoit une lettre toute prête, elle la donne à l'auteur de ſes jours: le vieillard lit, on le voit pâlir: ſes genoux ſe dérobent ſous lui, il tombe.... Il venoit de tout apprendre; ce fut l'arrêt de ſa mort: quelques jours après, on le mit au cercueil. Lucile, inſtruite de ce funeſte accident, demande à ſortir; elle veut, dit-elle, embraſſer ſon pere encore une fois, même après l'avoir perdu. On accorde cette ſatisfaction à ſes larmes, à ſes cris. Elle arrive, ſe précipite ſur le cadavre inanimé : --- O vous que j'aimai ſi tendrement, & que j'ai poignardé, s'écrie-t-elle, mon pere! recevez-moi dans votre ſein... ſoit qu'elle eût pris un dangereux breuvage, ou que ſa ſeule douleur fût aſſez forte, elle ſe courbe ſur le corps de ſon pere; elle y demeure : on l'y laiſſe quelque temps; enfin, l'on veut l'en arracher; elle ne reſpire plus... O loix! le ſeul coupable eſt encore heureux!

Un militaire d'un corps dont il n'eſt pas néceſſaire de dire le nom, mais que l'hiſtoire ſuivante mettra à portée de connoître ; un militaire, dis-je, étant éperduement amoureux de la Demoiselle de Saint-Germain, danseuse de l'Opéra, si connue par son commerce de passades, après avoir tenté différentes fois de lui faire entendre combien il s'estimeroit heureux s'il avoit le bonheur de pouvoir la persuader à quel degré il étoit épris de ses charmes : voyant que plus il filoit le parfait amour, & faisoit le rôle de l'amant le plus passionné, moins il avançoit ses affaires ; & ne voulant pas cependant être la dupe de cette Nymphe de théâtre, s'y prit d'une maniere qui, en adoucissant la rigueur de l'objet de ses desirs, la lui rendit favorable. Voici ce qu'il fit ; il alla au palais acheter deux bourses pareilles. Il acheta en même-temps vingt-cinq jettons de ce métal qui ressemble beaucoup à l'or, & qui ont la forme des véritables louis; il les mit dans une de ces bourses, & mit vingt-cinq louis d'or dans l'autre bourse. Muni de cette emplette, il se rend à l'Opéra, va trouver la Saint-Germain; il commence par lui rappeller les feux dont il ne cesse, lui dit-il, de brûler pour elle. Voyant qu'elle faisoit la sourde oreille à ce propos tendre, il lui dit nettement qu'il sacrifieroit volontiers une bourse de vingt-cinq louis d'or (qu'il exhiba) pour avoir une portion de son lit pendant une nuit seulement. A ce discours énergique, la Nymphe lui donna un petit coup d'éventail sur la main, & le traita humainement de polisson. Notre militaire n'eut pas besoin d'autre signal, pour sentir que son marché étoit conclu : mais comme elle vouloit lui faire entendre que c'étoit une grace qu'elle lui accordoit, elle remit à lui donner parole après le spectacle, sous le prétexte qu'elle craignoit, lui dit-elle, que M. le Duc de *** ne vînt le soir même chez elle ; ce qu'elle sauroit pendant l'Opéra. Les vingt-cinq louis avoient trop d'appas pour la Saint-Germain, pour qu'elle les laissât échapper. Comme on alloit baisser la toile, elle vint dire au militaire qu'elle étoit libre. Il ne fut plus question que de prendre un fiacre pour conduire nos deux amants, qui, étant arrivés, se jurerent un amour mutuel, sur-tout lorsque le militaire se fut mis à folâtrer plusieurs fois avec la bourse de vingt-cinq louis. On se mit à table, & delà au lit, où notre militaire s'escrima des mieux; il y auroit remporté ville & citadelle par ses vigoureux efforts. Le lendemain matin, notre galant sortit du lit bien satisfait; & comme il se fut habillé, il tira de sa poche la bourse où étoient renfermé les jettons, qui, comme on l'a dit, étoit pareille à celle où étoient les louis d'or; il voulut, en faisant ses adieux, la remettre entre les mains de la Demoiselle Saint-Germain; mais celle-ci l'ayant prié de la poser sur sa table de nuit, il fit ce qu'elle lui dit : il ne fut pas plutôt sorti, que cette Nymphe prit cette bourse pour voir s'il y avoit bien réellement vingt-cinq louis, prix convenu; mais quel fut son étonnement & sa surprise, quand elle reconnu que ce n'étoit que des jettons du palais! Cette aventure n'a pas été une heure ſans être ſue de tout le corps, qui en a beaucoup ri, & qui en a fait le détail à tous ceux qui l'ont voulu ſavoir.

M. le Duc de Beaufort, appellé communément le Roi des halles, revenant d'Angleterre où il s'étoit retiré de lui-même, étoit ſi ſinguliérement aimé de toutes les harangeres de la halle, qu'un jour une des plus huppées d'entr'elles, alla avec ſa fille unique, qui étoit des plus jolies, & qui n'avoit que ſeize ans au plus, le trouver dès le matin, comme il étoit encore au lit; & lui dit : Vous ſavez, Monſeigneur, que vous pouvez diſpoſer de nos biens, & de nos vies à toutes : mais moi, en mon particulier, permettez que je vienne vous offrir la jouiſſance de ma fille que voilà, & que je ſerois bien fâchée que vous éconduisiez sans lui donner des marques que vous êtes homme : je mourrai satisfaite, si vous me la rendez portant le fruit de l'amour que je vous demande pour elle. La harangere fut satisfaite ; car sa fille accoucha à terme d'un fils.

CODE.

PRÉAMBULE

Du nouveau Réglement ſur les lieux de Proſtitution.

LEs lieux de proſtitution de la ville de Paris, où un nombre de femmes & de filles ſe ſont établies depuis long-temps, n'ont pu y multiplier ſans de grands déſordres & de grands accidents. Mais malgré les ſoins & la vigilance perpétuelle du Magiſtrat éclairé qui eſt chargé de l'adminiſtration de la police, ils ſemblent encore s'accroître tous les jours, au point qu'il n'eſt plus, pour ainſi dire, poſſible d'en empêcher l'extenſion ſans ſévir avec la derniere rigueur, & ſans établir une loi irrévocable qui en fixe les limites, & intercepte le ſcandale. Les motifs qui doivent y déterminer, ſont fondés ſur la Religion. Que l'on enviſage donc premiérement l'affreuſe maladie qui réſulte de la proſtitution, & qui ſe propage ſans interruption. Secondement, la perte pour la patrie d'une foule de jeunes filles, preſque toutes jolies, les mieux faites, & les mieux conſtituées de la nation. Troiſiémement, la commodité des endroits de débauche, qui, diſperſés & multipliés comme ils ſont, fait ſouvent naître, non-ſeulement aux femmes mariées, le deſſein de venir s'y livrer au libertinage, auquel elles n'euſſent pas penſé ſans cette facilité; mais encore à nombre de jeunes filles dominées par le goût de la parure, ſéduites par l'appas du gain, entraînées par le tempérament, qui y vont perdre leur innocence & leur ſanté, & dont les parents honnêtes, mais inattentifs, deviennent les dupes, par la confiance qu'ils ont en leurs enfants. Quatriémement, la ſomme immenſe des déſordres qui regnent ordinairement dans les lieux de proſtitution. Cinquiémement, l'habitude d'y voir des femmes qui ne connoiſſent pas le voile de la pudeur, d'où naît le mépris que les hommes ont pour elles, & qu'ils font preſque toujours retomber ſur d'honnêtes femmes ou filles ſenſées, auxquelles autrement ils rendroient hommage, & avec leſquelles ils partageroient la gloire de l'honnêteté. Sixiémement, le mêlange des filles publiques ou entretenues, avec les citoyens & citoyennes honnêtes : on n'a malheureuſement que trop de preuves de leur voiſinage, comme de leurs déſordres. Septiémement, les ſorties & promenades des filles, où elles s'affichent, les unes par l'indécente élégance de leur parure, les autres par des vêtements dont les proportions ſont diamétralement oppoſées à ceux des honnêtes femmes, & qui favoriſent la vue de prétendus appas auxquels de jeunes gens imprudents ſe laiſſent aller, & à la faveur deſquels ils prennent même en public des libertés criminelles. Huitiémement, le danger que courent les honnêtes femmes dans les jardins voiſins des ſpectacles, où les jeunes gens encore émus par les objets les plus ſéduiſants & les plus voluptueux qu'ils viennent d'y voir, n'ont ni assez de prudence ni assez de vertu pour s'imposer, d'eux-mêmes le frein de la sagesse & de l'honnêteté, & font craindre à celles qu'ils attaquent d'être trop foibles pour leur résister, ou les font consentir à leur séduction. Neuviémement, le danger de la contagion que va répandre ailleurs une fille publique, lasse de la Capitale, ou qui craint la vengeance de ceux à qui elle a communiqué le poison, ou bien, la punition d'autres crimes qui lui fait redouter le Magistrat & les loix.

De si justes motifs, sans désarmer la Justice divine, qui punit l'impudicité dès cette vie même, par des châtiments résultants du désordre auquel se livrent les débauchés, pourroient engager le Prince, qui, étant l'image de la Divinité, fait comme elle tirer le bien du mal même (celui de la proſtitution ayant toujours été regardé par les Rois comme néceſſaire) à en diminuer l'énormité, & en arrêter les progrès, (autant qu'il ſeroit poſſible de le faire) & le porteroit à arrêter le préſent réglement.

ARTICLE PREMIER.

Les lieux de proſtitution publique dans la ville & fauxbourgs de Paris, ſeront & dorénavant fixés au nombre de vingt-quatre, qui ſeront diviſés en trois claſſes, ſavoir huit de chacune deſdites trois claſſes.

ART. II.

Les huit maiſons de la premiere claſſe, qui ſeront appellées *hôtels des plaiſirs*, & numérotées depuis le N°. Ier. juſqu'au N°. VIII incluſivement, ſeront établies à l'extrêmité des fauxbourgs Saint-Honoré, Montmartre, Saint-Denis, du Temple, Saint-Antoine, l'Eſtrapade, ou rue des Poſtes, de Saint-Germain & de Saint-Jacques. Ces maiſons ſeront propres, ſpacieuſes, bien meublées, & commodes à l'uſage auxquels elles ſont deſtinées, & pour les perſonnes à équipage.

ART. III.

Il y aura dans chacune de ces huit maiſons ou hôtels, une Supérieure qui ſera chargée de la nourriture & de l'entretien des filles qui ſeront admiſes à travailler ſous ſes ordres, moyennant la rétribution que la ſupérieure tirera à ſon profit des talents de chacune de ces filles, ainſi qu'il est dit à l'Article XV du présent réglement.

ART. IV.

Aucune de ces supérieures ne pourra en remplir les fonctions, si elle ne se trouve en état de former un établissement convenable à ses frais & dépens, & qu'au préalable elle n'en ait obtenu la permission par écrit de M. le Lieutenant-Général de Police, auquel elle remettra une soumission signée d'elle, de se conformer exactement au présent réglement, ainsi qu'au réglement particulier du Magistrat, dont copie lui sera délivrée. Dans les soumissions que présenteront celles qui desireront être admises à la supériorité, elles désigneront l'endroit où elles entendent faire leur établissement, qui ne pourra être ailleurs que dans les quartiers ci-dessus désignés.

Art. V.

Les huit maisons de la seconde classe seront pareillement établies hors la ville, mais non pas si éloignées que celles de la premiere classe, pour la commodité des gens de pied, & seront aussi numérotées depuis le N°. Ier. jusqu'au N°. VIII inclusivement : elles seront appellées *Maisons de Cypris.* Ces huit maisons auront chacune une Supérieure ; elles ne pourront, non plus que celles de la premiere classe, y être admises qu'aux mêmes conditions que celles de cette premiere classe, & qu'au préalable elles n'ayent été agréées par Mr le Lieutenant-Général de Police, sur les soumissions qu'elles présenteront à ce Magiſtrat, dans leſquelles elles déſigneront pareillement les endroits où elles entendent faire leur établiſſement, & ſe ſoumettront de ſe conformer exactement au préſent réglement, & au réglement particulier du Magiſtrat, dont copie ſera délivrée à chacune d'elle.

ART. VI.

Les huit maiſons de la troiſieme claſſe, & qui ſeront appellées chacune du *nom de la Supérieure* qui ſera chargée de l'*adminiſtration*, ſeront établies, ſavoir : la premiere, dans la rue Jean-Saint-Denis; la ſeconde, dans la rue des vieux Auguſtins; la troiſieme, dans la rue Briſemiche; la quatrieme, dans la rue du Heurleur; la cinquieme, dans la rue Simon-le-franc; la ſixieme, dans la rue de la Pelleterie; la septieme, dans la Rue perdue, place Maubert; & la huitieme, rue Dufour, fauxbourg Saint-Germain. Les Supérieures de ces dernieres maisons, ne pourront, non plus que celles des deux premieres classes, être admises qu'aux mêmes conditions, c'est-à-dire, d'être en état de former à leurs fraix & dépens un établissement convenable, & qu'au préalable elles n'ayent été agréées par M. le Lieutenant-Général de Police, sur les soumissions qu'elles présenteront à ce Magistrat, dans lesquelles elle désigneront les endroits où elles entendent faire leurs établissements, qui ne pourront être ailleurs que dans les endroits ci-dessus désignés, & se soumettront de se conformer exactement au présent réglement, ainsi qu'au réglement particulier du Magistrat, dont copie sera délivrée à chacune d'elles.

ART. VII.

Les Supérieures des vingt-quatre maisons détaillées dans les précédents articles, ne pourront admettre ni recevoir chez elles aucune fille, telle qu'elle puisse être, qu'au préalable elles n'ayent demandé & obtenu la permission de M. le Lieutenant-Général de Police, sur les requêtes qu'elles lui présenteront à cet effet par le ministere des Inspecteurs de Police, qui seront nommés pour veiller à la sûreté & tranquillité publique, & dont il sera parlé ci-après.

ART. VIII.

Les requêtes dont il est parlé dans l'article précédent, contiendront le nom, le surnom de la fille présentée, son âge, le lieu de sa naissance; si elle est orpheline, ou non, de pere & mere; leur profession, afin de pouvoir examiner s'il y a lieu d'accorder son admission, ou non.

ART. IX.

Dans le cas où la fille que l'on proposeroit pour être admise dans l'une des maisons de plaisirs ci-dessus, appartiendroit à quelque notable ou bon bourgeois de la ville de Paris, la Supérieure sera obligée de la retenir chez elle, dans une chambre à l'écart, & comme en charte privée, jusqu'à ce qu'elle en ait donné avis à l'Inspecteur; ce qu'elle ne différera pas de faire dès l'instant que la fille se sera présentée: & l'Inspecteur sera tenu d'en rendre compte aussi-tôt au Magistrat, qui pourvoira sur le champ à la réintégration de cette fille dans la maison de ses pere & mere, qui seront chargés de veiller soigneusement sur sa conduite; & si, par un penchant déterminé au libertinage, cette fille ne pouvoit se contenir, alors il sera permis au pere & mere de la faire enfermer dans une maison de force.

ART. X.

Si c'est une femme mariée qui se présente à l'une des Supérieures pour être admise dans le nombre des Courtisannes, la Supérieure s'informera adroitement du nom & surnom de cette femme, de son âge, de la demeure & qualité de son mari; & si elle appartient à quelque notable ou bon bourgeois de la ville, elle en donnera, ainsi que pour les filles, avis à l'Inspecteur, qui sur le champ en rendra compte à M. le Lieutenant-Général de Police, qui pourvoira de même au renvoi de cette femme auprès de son mari, qui sera, de même que les peres & meres, autorisé à la faire enfermer dans une maison de force, si, après l'avoir exhortée à mener une conduite plus réguliere, elle s'obstinoit à continuer son déréglement.

ART. XI.

Aucune des Supérieures qui seront établies dans les vingt-quatre maisons ci-dessus désignées, ne pourront, sous quelque prétexte que ce puisse être, ni sur les sollicitations pressantes qui pourroient leur être faites par des jeunes gens & autres de quelque qualité & condition qu'ils soient ; solliciter & induire à la débauche & à l'impudicité aucunes femmes ni filles de bonne famille qui pourroient leur être indiquées par lesdits jeunes gens, &c. ; comme il n'a été malheureusement que trop pratiqué, tant par les anciennes Maq..., telles que la Magdelon Dupré, la Louison d'Arquien, la Fillon, la Morival, & tout récemment par la la Croix, la Paris, la Florence, la Montigny, la Hittier, &c. dont il est résulté de grands désordres dans les meilleures familles de Paris. Voulons que celles des vingt-quatre Supérieures, qui, au préjudice de ces défenses, seront trouvées y contrevenir, soient condamnées, comme nous les condamnons dès à présent, non-seulement à être conduites sur un âne ſens-devant-derriere, tenant la queue de cet animal; mais encore qu'elles ſoient flétries d'un fer chaud, marquées d'une M. ſur le front, & conduites à l'hôpital pour le reſte de leurs jours.

ART. XII.

Il ne pourra y avoir dans les huit maiſons de la premiere claſſe, appellées *hôtels des plaiſirs*, que cinquante filles dans chacune d'elles, parce qu'un plus grand nombre exigeroit un emplacement trop conſidérable pour les loger toutes d'une maniere honnête, & chacune en leur particulier. Ce nombre paroît d'ailleurs aſſez conſidérable, puiſqu'il en formera un de quatre cents dans les huit maiſons.

ART. XIII.

Les Supérieures de ces huit maisons, où *hôtels des plaisirs*, procureront à chacune des filles qui travailleront sous leur direction, & qui paroîtront avoir des dispositions pour quelques talents, tels que la musique, la danse, jouer de quelques instruments, écrire, &c. des maîtres de ces mêmes talents, afin de les rendre plus aimables & plus engageantes.

ART. XIV.

Lesdites Supérieures des huit maisons, ou *hôtels des plaisirs*, seront tenues de vêtir chacune des cinquante filles qui travailleront sous leur direction, d'une maniere honnête & en soie. Elles pourront permettre un jour de chaque semaine, à dix de chacune des filles deſdits huit hôtels des plaiſirs, de ſortir dans la ville, & aller aux promenades publiques; en obſervant qu'elles auront attention, lorſqu'elles ſortiront, de leur faire mettre à chacune une roſe de rubans ſur l'épaule droite, de la couleur qui ſera déſignée pour chaçun deſdits huit hôtels des plaiſirs, tels que le blanc, le bleu, le rouge ponceau, le verd, le jaune, le violet & le gris-de-lin, afin de pouvoir (en cas qu'elles commettent quelques indécences dans la ville & dans les promenades publiques) reconnoître plus aiſément celles qui auroient commis ces indécences, & les punir ſuivant l'exigence des cas.

ART. XV.

Et comme les dépenſes que les

Supérieures de ces huit hôtels des plaisirs seront obligées de faire, tant pour l'établissement de chacun desdits hôtels, que pour l'entretien, nourriture & maîtres de ces filles, qu'en gratifications, qu'elles pourront être dans le cas d'accorder à celles qui auront le plus concouru au bénéfice de chacune d'icelles maisons où hôtels, il leur sera permis d'exiger des personnes qui iront y prendre leurs ébats, depuis un louis d'or, jusqu'à vingt, trente, &c.

ART. XVI.

Si le nombre des cinquante filles, dont chaque hôtel des plaisirs doit être composé, se trouve rempli, & qu'il se présente quelque fille pour y être admise, & qu'elle ait la beauté ou les agréments nécessaires pour cela, après toute fois que la vérification en aura été faite par l'Inspecteur, & que celui-ci en aura rendu compte à M. le Lieutenant-Général de Police, le Magistrat ordonnera son admission en qualité de surnuméraire : alors la Supérieure pourra, si elle le juge à propos, l'employer par extraordinaire, & pour contenter le goût ou la fantaisie de quelques jeunes gens. Il y aura à cet effet dans chacun des huit hôtels des plaisirs, une chambre commune pour ces filles surnuméraires, où elles seront nourries & logées seulement, & ne pourront prétendre aucun émolument, gratification, ni entretien quelconque; mais elles auront l'expectative de la premiere place qui viendra à vaquer, & ce par gradation d'ancienneté, en cas qu'il s'en trouve pluſieurs, à compter du jour de leur admiſſion au ſurnuméræriat.

ART. XVII.

Quant aux huit maiſons appellées de *Cypris*, elles ſeront auſſi chacune compoſée de cinquante filles ; & le nombre s'en trouvant rempli, il en ſera uſé de même que dans les hôtels des plaiſirs, s'il s'en préſente quelqu'une pour y être ſurnuméraires. Et comme les dépenſes que les Supérieures ſeront obligées de faire, tant pour leur établiſſement, que pour la vêture, nourriture & entretien, n'en exigeront pas une ſi conſidérable que celles des hôtels des plaiſirs, d'autant que les Supérieures pourront mettre les filles dix à dix dans des chambres communes pour coucher, en forme de dortoir, & que leur entretien ne ſera pas auſſi brillant que celui des filles des huit hôtels des plaiſirs, à l'exception de quelques cabinets pour les tête-à-têtes; les Supérieures de ces maiſons de *Cypris* ne pourront exiger que depuis ſix livres juſqu'à vingt-quatre, à moins que par une munificence, ou grace ſpéciale, les galants ne vouluſſent gratifier les Donzelles dont ils auroient eu la jouiſſance, de quelques largeſſe en ſus. Ces bénéfices, quoique extraordinaires, tourneront toujours au profit des Supérieures, qui pourront néanmoins, ſi elles le jugent à propos, en abandonner quelque portion à la fille qui les aura mérités, mais qui ne pourra de ſon côté les retenir, ſous peine de punition.

Art. XVIII.

Les Supérieures des huit maisons de la troisieme classe, qui seront appellées, ainsi qu'il est dit à l'Article VI, *du nom de chacune de ses Supérieures*, ne pourront être reçues & admises dans l'administration desdites maisons, qu'avec les mêmes formalités que celles de la premiere & seconde classe; comme il est dit au même Article VI. Ces maisons seront composées chacune de cinquante filles, qui ne pourront aussi y être admises & reçues que de la même maniere que dans les deux premieres classes.

Art. XIX.

Indépendamment du nom de chacune de ces Supérieures, par lesquels ces

ces maisons seront désignées, elles seront, de même que celles de la premiere & seconde classe, numérotées depuis le N°. Ier. jusqu'au N°. VIII, inclusivement.

ART. XX.

Comme ce dernier établissement n'est fait que pour la jeunesse du bas ordre, & que les Supérieures ne seront point obligées à de grandes dépenses, parce que les lieux ne seront pas si grands, ni si bien ornés, que les filles n'y seront pas entretenues dans un état si brillant, que les Supérieures seront astreintes à les vêtir uniformément de deux déshabillés de toile peinte ou d'indienne, & toutes coëffées simplement & de la même maniere, ces dépenses ne seront pas si considérables ; raisons pour leſquelles elles ne pourront exiger des perſonnes qui iront chez elles, que depuis vingt-quatre ſols, juſqu'à ſix livres, pour le prix des ébats que les jeunes gens iront y prendre.

ART. XXI.

Comme il convient que les filles de cette troiſieme claſſe ne ſortent point, & ne ſe répandent point dans la ville ni dans les fauxbourgs, encore moins dans les promenades publiques, pour éviter le ſcandale qu'elles pourroient y cauſer; & pour en même-temps ne les pas priver entiérement de la liberté, les Supérieures de chacune deſdites huit maiſons permettront un jour de chaque ſemaine à dix de chacune d'icelles maiſons de ſortir hors les portes, à l'effet d'y prendre l'air, & s'y promener, accompagnées d'un garde par chaque bande de dix, pour empêcher qu'elles ne se livrent à quelques indécences, ou impudicités; & si quelqu'une d'elles s'écartoit de ce qui est proscrit au présent Article, elle sera punie suivant la grièveté du crime qu'elle aura commis, sur le rapport du Garde qui l'aura accompagnée.

ART. XXII.

Si quelqu'une des filles de ces huit dernieres maisons s'en évadoit à l'insu de la Supérieure de la maison, elle en avertira aussi-tôt l'Inspecteur, qui en fera sur le champ la perquisition; & elle sera arrêtée & ramenée dans la maison, où la Supérieure lui fera injonction de ne plus récidiver, sous peine d'être enfermée à l'hôpital-général pour le reſte de ſes jours.

ART. XXIII.

Dans le cas où l'une des filles qui ſeront dans l'une des huit maiſons des trois claſſes, deviendroit groſſe, la Supérieure ſera tenue de veiller à ce qu'elle ne ſe défaſſe point de ſon fruit, la tirera, auſſi-tôt qu'elle en ſera inſtruite, d'entre les autres, & ne la laiſſera plus exercer, de crainte qu'une habitation mal-ſaine ne gâte ſon fruit & elle-même ; & elle en donnera auſſi-tôt avis à l'Inſpecteur, qui en rendra compte au Magiſtrat, lequel s'aſſurera de la conſervation de l'enfant après les couches de la mere, dont les Supérieures des huit maiſons de la premiere & ſeconde claſſes ſeulement ſeront chargées ; &

s'il arrivoit que quelqu'une d'elles fût convaincue d'avoir détruit l'enfant qu'elle portoit dans son sein, elle sera renfermée durant une année entiere dans une prison, & mise au pain & à l'eau. Si un homme avoit conseillé ou prêté les mains à l'avortement, il sera puni suivant la rigueur des loix.

ART. XXIV.

A l'égard des filles des huit maisons de la troisieme classe, elles seront conduites à l'hôtel-Dieu pour y faire leurs couches; n'étant pas naturel que ces fraix & cet embarras soient à la charge de la Supérieure, dont les bénéfices ne pourroient suffire à ces charges.

ART. XXV.

Les Supérieures des vingt-quatre

maisons ci-dessus désignées, auront une attention singuliere à ce que toutes les filles qui seront chacune sous leur direction, vivent en bonne intelligence entr'elles, sans disputes & sans jalousie; qu'elles ne se volent ni ne se battent, mais qu'elles s'aiment comme des sœurs d'une Communauté : que s'il arrivoit quelques querelles, la Supérieure les accommoderoit, & elles seront obligées d'en passer par son jugement; & si après quelqu'une d'entr'elles réveilloit & continuoit la querelle, la Supérieure en feroit son rapport à l'Inspecteur, qui, sans autre formalité, tireroit cette querelleuse de la maison, & la conduiroit à l'hôpital-général, pour y être détenue pendant trois mois.

ART. XXVI.

Si quelque fille de l'une des huit maiſons des trois claſſes faiſoit quelque vol, boulinage, eſcamotage ou plombage, (termes uſités par ces ſortes de filles,) la Supérieure feroit rendre l'effet volé à celui à qui il appartiendroit; & ſi la voleuſe refuſoit de reſtituer, ou nioit le larcin, & qu'on en eût la preuve, elle ſeroit arrêtée par l'Inſpecteur, qui la conduiroit en priſon; & elle ſeroit condamnée à être fouettée publiquement, & miſe enſuite à l'hôpital.

ART. XXVII.

Il ſera nommé & établi par M. le Lieutenant-Général de Police, trois Chirurgiens jurés du Châtelet, pour viſiter, au moins deux fois la ſemaine, chacune des huit maifons des trois claffes dont ils feront chargés ; & s'il fe trouvoit quelques-unes des filles en qui l'action du Coït eût eu des fuites fâcheufes, elles feroient auffi-tôt féparées des autres, & mifes à l'écart, afin que perfonne ne les approche, & afin de préferver la jeuneffe des accidents. Les filles des huit maifons de la premiere claffe feront traitées & médicamentées aux dépens des produits de la maifon à laquelle elles feront attachées, fans qu'il leur en coûte rien. Quant à celles de la feconde & troifieme claffes, elles feront tirées des maifons où elles feront, pour être conduites, par l'Infpecteur, dans les hôpitaux où l'on traite ces fortes de maladies, & ne pourront par la fuite rentrer dans aucune des maifons defdites trois claffes, de crainte qu'elles ne reprennent le mal plus aisément, à cause de la corruption du sang, & qu'elles ne le communiquent à d'autres.

ART. XXVIII.

Il sera pareillement nommé par M. le Lieutenant-Général de Police, trois Inspecteurs pour veiller à la sûreté & tranquillité publique dans chacune des huit maisons qui composent les trois classes, & chacun dans celle qui lui sera assignée par ce Magistrat. Ces trois Inspecteurs auront chacun une liste des filles, par nom, surnom, âge & temps qu'il y aura qu'elles sont employées dans lesdites maisons; & afin qu'ils les puissent connoître plus particuliérement, il en fera au moins deux fois la semaine l'appel; & dans le cas où il s'en trouveroit quelqu'une d'absente, soit qu'elle se fût retirée de son propre mouvement ou autrement, il en donnera avis sur le champ au Magistrat, pour être pourvu à son remplacement.

ART. XXIX.

Si la Supérieure d'une de ces maisons, de sa propre autorité, avoit, après l'absence d'une de ses filles, pris la licence d'en substituer une autre à sa place, soit par sollicitation, ou par faveur, sans en donner avis à l'Inspecteur, elle sera amendée de cinquante livres, au profit des pauvres, pour la premiere fois, & de cent livres en cas de récidive, & l'on renverra sur le champ l'intruse.

ART. XXX.

Si aucune des filles des huit maiſons de trois claſſes, après avoir vécu dans le libertinage, l'impudicité & la débauche, ſe trouvoit touchée de répentir de ſa vie paſſée, & vouloit en faire pénitence; elle fera part de ſa ſincere réſolution à la Supérieure, qui en donnera avis à l'Inſpecteur, en lui remettant une requête pour M. le Lieutenant-Général de Police, tendante à lui demander la grace de la faire entrer dans une Communauté de filles répenties, telles que le bon Paſteur, les Madelonnettes, Sainte-Pélagie, le Sauveur, &c. où elle ſera reçue, ſur l'ordre que le Magiſtrat lui en fera expédier, ſans qu'il lui en coûte rien.

ART. XXXI.

Il est expréssement défendu à toutes les Supérieures de chacune des huit maisons qui composent les trois classes des lieux de prostitution, de recevoir aucuns jeunes gens de quelque qualité & condition que ce soit, qui y ameneroient des filles de dehors pour y exercer l'action du Coït, malgré les sollicitations pressantes qui pourroient leur être faites pour lesdits jeunes gens, ou par l'appas d'une grande récompense, ou autrement ; à peine contre chacune d'elles qui seroient trouvées en contravention au présent Article, de cent livres d'amende pour la premiere fois, & deux cents livres en cas de récidive, appliçables aux pauvres, & en outre, déchue de la supériorité;

enjoint aux dites Supérieures d'envoyer aussi-tôt à la Police un signalement des personnes de l'un & de l'autre sexe qui se seront présentées chez elles à cet effet.

ART. XXXII.

Il est pareillement défendu à toutes lesdites Supérieures, de recevoir, chacune dans leur maison, aucun Ecclésiastique séculier ni régulier, ni aucun Moine de quelqu'Ordre que ce soit, qui s'y présenteroient, pour y venir prendre des ébats d'amour; & s'il s'y en présentoit quelqn'un à la faveur d'un travestissement, les Supérieures auront une grande attention pour découvrir ce travestissement, soit par leur intelligence, ou par celle de leurs filles; & sitôt qu'elles s'appercevront les unes ou les autres de ce déguisement, elles en donneront avis sur le champ à l'Inspecteur, qui se transportera aussitôt sur les lieux, & se saisira de ceux qui seront travestis, & les conduira à leurs Supérieurs, pour être punis par eux, suivant la griéveté du crime.

ART. XXXIII.

Ne pourront les Supérieures desdites huit maisons des trois classes présenter aucune fille pour être admise à exercer les fonctions de fille de joie ou publique, qu'elle n'ait atteint l'âge de douze ans accomplis, au moins. Toutes celles au-dessous de cet âge seront renvoyées, à moins qu'elles ne soient de Province, ou orphelines de pere & mere, (ce que les Supérieures qui les présenteront seront obligées de justifier) & qu'elles ne s'obligent de les nourrir & les entretenir jusqu'à l'âge susdit, sans cependant les exposer à l'action du Coït. Dans le cas où quelques-unes des Supérieures seroient convaincues d'avoir prévariqué à cet égard, elles seront fouettées & marquées d'une lettre M. sur le front, & renfermées à l'hôpital-général.

ART. XXXIV.

Ne pourront non plus lesdites Supérieures envoyer dans les rues par la ville, ce qu'on appelle des Raccrocheuses, pour solliciter les allants & venants, & les engager à aller chez elles; si il s'en rencontre quelques-unes au préjudice du présent article, elles seront arrêtées & conduites sur le champ, sans autre forme, ès prisons de Saint-Martin des-Champs, pour être de-là transférées à l'Hôpital-Général, pour y demeurer tant & si longuement qu'il plaira à M. le Lieutenant-Général de Police. Pourront néanmoins lesdites Supérieures, chacune pour leur district, faire imprimer des Billets ou Cartes, où leurs noms seront inscrits, le nom de la rue, & l'endroit de leur établissement dans la forme suivante.

ACADEMIE D'AMOUR.

Premiere maison (ou 2e. 3e. 4e. 5e. 6e. 7e. ou 8e.) de la premiere, seconde ou troisieme classe.

*Madе. N****., Supérieure de cette maison, située (à tel endroit) donne avis aux jeunes gens de plaisir, que son académie est aussi-bien complette qu'elle est bien composée, & qu'elle y recevra les personnes qui desireront y* *venir, tous les jours depuis trois heures après-midi juſqu'à dix heures du ſoir.*

Il ſera cependant permis aux Supérieures des huit maiſons de la premiere & ſeconde claſſe ſeulement, de recevoir à ſouper & à coucher ceux des galants qu'elles connoîtront pour être doux & tranquilles; elles auront attention d'en prévenir le ſoldat du guet qui ſera à leur porte, en ſentinelle. A dix heures du ſoir, on y fera entrer une ſentinelle en-dedans, à l'effet d'y veiller à la ſûreté de l'intérieur.

Les Supérieures pourront faire diſtribuer ces billets ou cartes, une fois le mois ſeulement, dans les endroits où l'on diſtribue ordinairement les billets de charlatans.

ART. XXXV.

Dans le cas où quelques jeunes gens se prendroient de beaux feux, & seroient épris des charmes de quelques-unes des filles d'une desdites maisons des trois classes, & que l'un d'eux voudroit en entretenir une à sa solde, & la retirer de ladite maison pour la mettre dans ses meubles, la Supérieure sera tenue, avant de lui permettre d'en sortir, d'en donner avis à l'Inspecteur, qui en rendra aussi-tôt compte au Magistrat, en lui déclinant le nom de la fille, pour qu'on la puisse rayer de dessus le tableau, & l'inscrire au rang des filles entrenues, à côté de celui de l'entreteneur, qui sera aussi, autant que faire se pourra, désigné, ainsi que ses qualités.

ART. XXXVI.

Défendons à toutes filles ou femmes, de quelque qualité & condition qu'elles ſoient, de tenir maiſons de proſtitution, & d'impudicité, ſoit particuliérement ou en ſociété avec d'autres, ſous prétexte d'être ouvrieres ; à peine contre celles qui ſeront trouvées en contravention au préſent Article, d'être enfermées à l'hôpital-général l'eſpace de ſix mois pour la premiere fois, & fouettées & marquées au front de la lettre P.

Défendons expreſſément à tous propriétaires de maiſons, principaux locataires, gens tenant chambres garnies, cabaretiers, hôtelliers, marchands de bierre & tous autres, de tenir, loger & héberger chez eux aucunes de ces filles publiques, à peine de cinq cents livres d'amende, ſans déport, contre chacun des contrevenants au préſent Article. Enjoignons aux Commissaires de Police, chacun dans leur quartier, sitôt la publication du présent Réglement, d'en faire d'exactes perquisitions, & de faire arrêter sur le champ les délinquantes, dont ils dresseront chacun un état qu'ils remettront à M. le Lieutenant-Général de Police, pour être par lui statué sur le sort de ces filles publiques. Exceptons néanmoins les filles des spectacles de l'Opéra, des Comédies Françoise & Italienne, qui, par leur état, sont dans le cas de recevoir les hommages des adulateurs de leurs talents.

ART. XXXVII.

Il est dit par l'Article IV du présent Réglement, qu'aucune Supérieure de chacune desdites huit maisons des trois classes ne pourra être admise ni reçue qu'elle n'en ait obtenu la permiſſion par écrit de M. le Lieutenant-Général de Police. Voulons qu'aucunes d'elles ne ſoient reçues qu'elles n'ayent au moins atteint l'âge de quarante ans, qu'elles ſoient d'un eſprit mûr & tempéré, & qu'elles ayent des facultés ſuffiſantes pour former une établiſſement d'une maniere décente & honnête.

ART. XXXVIII.

Outre les trois Inſpecteurs dont l'établiſſement eſt ordonné par l'article XXXIII du préſent Réglement, il ſera établi à la porte de chacune des vingt-quatre maiſons des trois claſſes un Garde du Guet, qui y demeurera en ſentinelle depuis trois heures après-midi, juſqu'à dix heures du ſoir, pour empêcher les querelles ou les diſputes qui pourroient ſurvenir, tant aux portes d'entrées deſdites maiſons, que dans l'intérieur; & dans le cas où il en ſurviendroit quelques-unes, qu'il ne pourroit appaiſer, être à portée de requérir main-forte.

ART. XXXIX.

Voulons que les Commiſſaires de Police, indiſtinctement les uns & les autres, ayent une inſpection générale ſur les vingt-quatre maiſons des trois claſſes; qu'ils en faſſent la viſite, ſans avoir égard aux quartiers qui leur ſont affectés; qu'ils examinent avec la plus ſcrupuleuſe attention, ſi tout s'y paſſe dans l'ordre qu'il convient: ils en dreſſeront des procès-verbaux qu'ils remettront à M. le Lieutenant-Général de Police, afin qu'il puiſſe corriger les abus, dans le cas où il s'y en seroit introduit quelques-uns.

Art. XL.

Ces mêmes Commissaires, chacun dans leur quartier, y feront une perquisition exacte des filles entretenues; ils s'informeront strictement de leurs noms & surnoms, de celui de leurs galants; ils en dresseront chacun un état, qu'ils remettront à M. le Lieutenant-Général de Police, pour y avoir recours au besoin. Ils veilleront attentivement à ce que ces filles ne causent point de scandale; & sur la premiere plainte portée contre chacune d'elles, ils les feront enlever & conduire ès prisons de Saint-Martin, pour être ensuite statué sur leur sort par M. le Lieutenant-Général de Police.

ART. XLI.

Pour éviter les suites dangereuses des disputes & des querelles qui peuvent survenir dans les vingt-quatre maisons de prostitution ci-devant désignées, les Supérieures de chacune d'icelles se feront remettre avec politesse, & autant qu'il leur sera possible, les cannes & les épées de chacun des jeunes gens qui entreront chez elles. Elles en useront à cet égard avec beaucoup de circonspection, vis-à-vis des personnes qu'elles connoîtront d'une certaine considération.

ART. XLII.

Si un fils de famille se trouvoit épris d'une passion violente pour une des filles de l'une des vingt-quatre maisons

maisons de prostitution ci-dessus désignées, & qu'il voulût l'épouser, la Supérieure de la maison où ce cas arriveroit, seroit tenue d'en donner avis à l'Inspecteur sur le champ, en lui désignant le nom & les qualités du jeune homme, afin que cet Inspecteur puisse en avertir aussi-tôt les pere & mere. Si le jeune homme est maître de lui, & que le Magistrat voye, après un examen scrupuleux, que ce mariage ne lui porte pas trop de préjudice, il y pourra donner son consentement.

ART. XLIII.

Comme les maladies qui s'engendrent des frequentes prostitutions, proviennent souvent de la malpropreté, les Supérieures de chacune des huit maisons des trois classes auront une attention ſinguliere à avoir chacune chez elle ſuffiſamment de bains, & elles aſſujettiront toutes leurs filles indiſtinctement à les prendre au moins de deux jours l'un durant toute l'année. Dans le cas où les Chirurgiens nommés pour la viſite deſdites maiſons s'appercevroient de quelques négligences à cet égard, ſur le rapport qu'ils en feront au Magiſtrat, les Supérieures ſeront amendées, ainſi qu'il le jugera à propos.

ART. XLIV.

Lorſqu'une fille aura paſſé les plus beaux jours de ſa jeuneſſe dans l'une des huit maiſons des trois claſſes ci-deſſus, & que ſurannée, les Supérieures d'icelles ne pourront plus en retirer aucun avantage, elles en donneront avis à l'Inſpecteur, qui en rendra compte à M. le Lieutenant-Général de Police, qui prendra les meſures convenables pour le ſort de cette fille. Si cependant elle avoit un talent pour gagner ſa vie, & que ne s'étant proſtituée que par libertinage, elle voulût reprendre ſon talent, alors elle ſera miſe en liberté.

ART. XLV.

Les Supérieures de chacune des huit maiſons des trois claſſes, préviendront, autant qu'elles le pourront, le commerce de leurs filles avec des jeunes gens ſuſpectés du mal Vénérien. Pour cet effet, elles engageront chacune de leurs filles à ne ſe laiſſer approcher de ces jeunes gens, qu'au préalable elle ne les ayent viſités; & s'il s'en trouvoit quelqu'un dans le cas ci-deſſus, elles le refuſeront net. Si au préjudice du présent Article, quelques filles en usoient autrement, elles seront sequestrées & mises à part, & les Supérieures en donneront avis à l'Inspecteur, qui, sur le compte qu'il en rendra au Magistrat, seront conduites à l'Hôpital-général par ses ordres.

ART. XLVI.

Par l'Article *XXXIII* du présent Réglement, il est dit que M. le Lieutenant-Général de Police se chargera de la conservation des enfants nés des filles prostituées de chacune des huit maisons des trois classes. S'il arrivoit que le pere de l'enfant que l'une d'elles porte, voulût prendre soin, à ses fraix, de sa maîtresse, il lui sera permis de le faire; il choisira pour lors telle maison qu'il voudra pour l'accouchement;

il pourra faire emporter l'enfant & le faire élever, en faisant sa soumission de rendre compte de l'état de l'enfant tous les six mois au Magistrat, ou à la premiere réquisition qui lui en sera faite.

ART. XLVII.

Les Supérieures de chacune de huit maisons des trois classes ne recevront chez elles aucun homme de quelque qualité & condition qu'il soit, les jours du Vendredi Saint, Fêtes de Pâques, de Pentecôte, de l'Assomption de la Vierge, de la Toussaints & de Noël. Si aucune d'elles contrevenoit au présent Article, elle sera amendée, pour la premiere fois, de la somme de cent livres, de deux cents livres pour la seconde, & déchue de la supériorité pour la troisieme.

ART. XLVIII.

Par les Articles XV, XVIII & XX du préſent Réglement, les rétributions que chacune des huit maiſons des trois claſſes pourront exiger des perſonnes qui s'y préſenteront, ont été fixées par leſdits Articles, chacune eu égard aux dépenſes que chacune des Supérieures ſeront dans le cas de faire pour l'établiſſement & l'entretien deſdites maiſons. Leſdites rétributions appartiendront en totalité à chacune des Supérieures des maiſons qui les auront reçues, ſans qu'aucune des filles puiſſe y rien prétendre, à moins que, par munificence, la Supérieure ne veuille bien leur en accorder quelque portion.

ART. XLIX & dernier.

Et où il auroit été omis au préſent Réglement quelques àrticles importants & néceſſaires, il y ſera ſupléé d'office par M. le Lieutenant-Général de Police, auquel toutes Cours & Juriſdiction ſont attribuées à cet égard pour mettre le préſent à ſon entiere & due exécution.

PARALLELE,

ET RÉFUTATION

Du Réglement du Pornographe avec le présent Code.

ARTICLE PREMIER.

CEt Article cadre assez avec le présent Réglement, sur le choix de plusieurs maisons, pour en faire, dit l'Auteur, un Parthénion; mais il voudroit que toutes les Put... indistinctement y fussent renfermées; ce qui n'est pas possible, le nombre qui subsiste étant trop grand. L'on pense que l'Hôpital-général doit servir d'asyle à ces malheureuses, en les y faisant travailler.

ART. II.

Filles entretenues. Il dit que le ſcandale que ces filles cauſent, doit être rigoureuſement puni par les hommes qui les entretiennent.

L'Article *XL.* du préſent Réglement établit une police particuliere ſur ces filles & ſur leurs galants.

ART. III.

Il entend apparemment par cet Article que le Gouvernement ſe charge de l'établiſſement & de l'adminiſtration de ces lieux de proſtitution, & qu'il en faſſe les fraix.

Un détail auſſi abominable ne doit point être adminiſtré, ni à la charge du Gouvernement; c'eſt bien aſſez qu'il veuille bien le tolérer, & prendre les précautions requiſes pour qu'il ne ſe commette point de déſordres.

ART. IV.

Il parle d'établir un Conſeil pour régir & adminiſtrer tout Parthénion.

Le digne Magiſtrat qui eſt aujourd'hui chargé de l'adminiſtration de la Police, eſt ſeul capable de maintenir le bon ordre dans ces maiſons de débauche & d'impudicité, à l'appui du préſent Réglement.

ART. V.

Il parle de nomination d'adminiſtrateurs pour régir le Parthénion.

On a pourvu à cet Article par la nomination de vingt-quatre Supérieures. Des adminiſtrateurs dans une régie de cette eſpece y ſeroient déplacés. D'ailleurs, il ſeroit indécent que le Gouvernement s'en mêlât ; il ne doit entrer dans aucun compte de recette ni dépense. Le tout doit être à la charge de chacune des Supérieures.

ART. VI.

L'Auteur du Pornographe veut que toutes filles soient reçues indistinctement, sans information de leur famille. Défend expressément de s'en instruire.

Cet Article est bien contraire à la sûreté & tranquillité des honnêtes citoyens. L'Article VII du présent Réglement le fait assez sentir, ainsi que la nécessité des informations, lors de l'admission des filles dans ces maisons de prostitution.

ART. VII.

Il accorde un droit d'asyle dans le

Parthénion, contre la recherche & réclamation des pere & mere.

Par cet Article, l'Auteur du Pornographe viole le droit des gens; il ôte au citoyen le droit qu'il a ſur ſes enfants, de les retirer du précipice où ils veulent ſe plonger.

ART. VIII.

Punition des filles proſtituées remiſe aux ſoins des adminiſtrateurs.

On a pourvu à ces corrections par les Articles *XVI* & *XXV* du préſent Réglement.

ART. IX.

Punition des filles qui auroient détruit leur fruit.

L'Article *XXXIII* du préſent Réglement ſtatue ſur les peines qui ſeront inffligées à celles qui auront commis ce crime.

ART. X.

Cadre assez avec les Articles II & V du présent pour le lieu de l'établissement des maisons de débauche dans des endroits désignés ; mais ne s'accorde pas dans la forme, que l'Auteur du Pornographe entend toujours être renfermée dans une seule & unique maison.

ART. XI.

Il permet aux libertins & débauchés de se présenter masqués à la porte, & même dans l'intérieur de ces maisons de prostitution.

Cette permission seroit d'une dangereuse conséquence. Il est au contraire très-nécessaire d'empêcher tout déguisement & travestissement. L'article *XXXII* du préſent Réglement en donne les raiſons.

ART. XII.

Il y eſt dit que l'homme pourra choiſir celle des filles qui lui plaira le plus.

Il ſeroit indécent au Gouvernement d'entrer dans ce détail. C'eſt aux vingt-quatre Supérieures des maiſons à s'arranger ſur ce fait avec les jeunes gens qui viendront chez elles.

ART. XIII.

Il en eſt de même du choix que la fille peut faire de l'homme.

ART. XIV.

L'Auteur du Pornographe établit un corps de Garde à côté du Bureau qu'il ſuppoſe établi, pour donner main-forte aux Gouvernantes.

Par les Articles *XXXIII* & *XXXVIII* du présent Réglement, on a pourvu à la sûreté & tranquillité publiques par l'établissement des trois Inspecteurs & de vingt-quatre Gardes du Guet.

Art. XV.

Il défend d'entrer avec armes dans ces maisons de prostitution.

L'on convient que cela n'en seroit que mieux, & éviteroit bien souvent des disputes & des querelles; mais comment obliger des gens de quelque distinction à se désarmer? L'article *XLI* le défend; cependant il ordonne de ne l'exécuter qu'avec beaucoup de ménagement & de circonspection vis-à-vis des personnes que l'on connoîtroit être d'un certain rang.

ART. XVI & XVII.

Il fait une différence dans le prix des Billets à prendre pour avoir la jouiſſance des filles.

Les Articles *XV*, *XVII* & *XX* du préſent Réglement fixent les prix que chaque Supérieure des vingt-quatre maiſons de proſtitution pourront exiger. C'eſt aux Supérieures d'icelles à s'y conformer, ſous les peines portées.

ART. XVIII.

Concerne les filles entretenues dedans ou dehors leſdites maiſons. L'article *XXXV* fait un réglement à cet égard.

ART. XIX.

Mariages prohibés.

L'article *XLII* du préſent Réglement prend la précaution néceſſaire à cet égard.

ART. XX & XXI.

Groſſeſſe des filles.

Les Articles *XXIII* & *XLVI* y ont pourvu.

ART. XXII.

Salles communes.

Elles n'ont lieu dans le préſent Réglement que pour les filles de la ſeconde & troiſieme claſſes, ſuivant les Articles *XVII* & *XX.*

ART. XXIII.

Exercices & heures des repas.

Ce n'eſt point au Gouvernement à entrer dans ces détails. C'eſt aux Supérieures à les régler. Cet Article devient inutile.

ART. XXIV & XXV.

Privileges des amants en titres,

& emploi du temps à la ſalle commune.

Ceux-ci regardent, de même que le précédent, les Supérieures.

Art. XXVI.

Combien de fois une fille peut être demandée & choiſie par différents hommes.

C'eſt à la prudence des Supérieures à agir ſur cela avec circonſpection, & non point au Gouvernement à entrer dans cet impudique détail.

Art. XXVII.

Combien une ſurannée.

On a déja dit pluſieurs fois que le Gouvernement ſe bornoit à tolérer ces lieux de proſtitution, & ne devoit point entrer dans les détails qui régardent les Supérieures.

ART. XXVIII & XXIX.

Il en est de même de ces deux Articles.

ART. XXX.

Point d'uniformité dans les habits des filles.

L'article *XLV* du présent Réglement ordonne la maniere honnête dont les filles des huit maisons de la premiere classe doivent être vêtues, & les Articles XVII & XX reglent pareillement celles des maisons de la seconde & troisieme classes.

ART. XXXI.

Bains. C'est une chose essentielle à la propreté. L'article *XLIII* du présent Réglement les prescrit.

ART. XXXII.

Fard & odeur. Comme cet Article regarde les Supérieures des maisons & non le Gouvernement, il devient inutile.

Art. XXXIII.

Les filles ſurannées, ce qu'elles peuvent devenir. L'article *XLIV* du préſent s'explique à ce ſujet.

Art. XXXIV.

Les maladies vénériennes.

L'article *XXXII* du préſent preſcrit ce qui doit être fait à cet égard, ſoit pour les prévénir, ou pour en procurer la guériſon.

Art. XXXV.

Viſites des Gouvernantes & Supérieures : elles ſont prévues par l'article *XXXVII* du préſent. On y nomme des chirurgiens experts, & non des femmes.

ART. XXXVI.

Hommes vérolés, quelles précautions à prendre.

L'article *XLIII* prescrit ce qui sera fait à cet égard.

ART. XXXVII.

Traitements des filles.

L'art. *XXXVII.* du présent Réglement le prescrit.

ART. XXXVIII.

Sort des enfants nés dans les maisons publiques.

L'article *XLV* le regle.

ART. XXXIX.

Autorité du conseil sur les enfants nés dans les maisons publiques.

L'article *XLV* dit ce qu'il en sera fait; la prudence du Magistrat chargé de l'administration de la police, y pourvoira.

ART. XL.

Choix des Gouvernantes.

L'article IV preſcrit les formalités pour leur admiſſion.

ART. XLI.

Sort des ſurannées.

Les articles XLII & XLIV du préſent Réglement y ont pourvu.

ART. XLII.

Clôture des filles.

L'art XXI preſcrit à cet égard ce qui doit êrre obſervé, ſur-tout à l'égard des filles de la troiſieme claſſe.

ART. XLIII.

Filles qui voudroit changer de vie.

L'article XXX du préſent Réglement a pourvu à l'arrangement qu'il conviendra de faire à cet égard.

ART. XLIV.

Fermeture des maisons publiques les jours de Fêtes.

L'article XLVII y a pourvu.

ART. XLV.

Communauté entre toutes les Parthénions.

L'article XLVIII en démontre l'impossibilité.

FIN.

www.ingramcontent.com/pod-product-compliance
Lightning Source LLC
Chambersburg PA
CBHW070530200326
41519CB00013B/3006
9782012642348